Los Remedios Florales
Edward Bach

ESCRITOS Y CONFERENCIAS

Achicoria (Cichorium intybus)

Las enseñanzas del fundador de la Terapia Floral sobre la esencia de la enfermedad y la salud

Título de los originales alemanes:
EDWARD BACH BLÜTEN DIE HEILEN
EDWARD BACH DIE HEILENDE NATUR

Traducido por:
ELENA MELIVEO / EDGAR KNERR / EDUARDO KNÖRR

ÍNDICE

Prólogo

-La intoxicación intestinal en relación con el cáncer
  (British Homoeopathic Journal, octubre 1924)

-La problemática de la enfermedad crónica (1927)
  (Conferencia pronunciada en el Congreso Homeopático Internacional de 1927)

-El redescubrimiento de la psora
  (British Homoeopathic Journal, enero 1929)

-Algunas consideraciones básicas sobre la enfermedad y la curación
  (Homoeopathic World, 1930)

-Algunos remedios nuevos y su empleo
  (Homoeopathic World, febrero 1930)

-Sois víctimas de vosotros mismos
  (Conferencia en Southport, febrero de 1931)

-Libérate a ti mismo (1932)

-Los remedios florales y sus indicadores
  (Publicado en Epsom, 1933- apareció probablemente en The Neuropathic Journal).

-Los doce grandes remedios y algunos ejemplos de su uso y prescripción.
  (Febrero de 1933)

-Los doce remedios y cuatro remedios menores (1933)

-Los doce remedios y los siete remedios menores (1934)

-La historia del caminante. Una alegoría de los remedios (1934)

-Un nuevo método curativo
  (Conferencia de Wallingford con motivo del 50 aniversario del nacimiento de Bach,
24 de septiembre de 1936)

-Conferencia masónica sobre los principios curativos
  (Conferencia ante una asamblea de masones, octubre 1936)

PRÓLOGO

> Del amanecer de los tiempos venimos
> y al amanecer de los tiempos tornamos,
> que Él bendiga la noche que nos guía.
>
> P.J. Percival

La historia concreta comienza una clara y fresca mañana de primavera, el sol comienza a despuntar y el aire huele a arcoiris. Edward camina pausadamente por su amada campiña galesa. Hace tiempo que un impulso irrefrenable le lleva cada mañana a los prados verdes de su tierra natal. Ese mismo impulso que le hizo transitar desde los más "sólidos conocimientos" de la ciencia hipocrática hasta los sutiles matices de la sabiduría paracelsiana.

No se recuerda bien si deambulaba por un lecho de mostazas o si fue la impaciencia o la rosa silvestre las causantes de su relámpago interno, pero en ese amanecer Edward contempló el prodigio que desde su silencio realiza la naturaleza todos los días. Sintió la alquimia de los cuatro elementos al deslumbrarle una gota de rocío depositada en el pétalo de una flor inundada de sol; y ya nada fue igual.

Quizá ésta podría ser una descripción del momento cumbre en el que Edward Bach intuye el principio energético que le llevaría a elaborar esencias de flores y de esta forma redescubrir para el mundo moderno una energía sutil y poderosa que culturas como la inca o la celta, y filosofías como la taoísta, conocieron y manejaron, y aún más, nos podríamos remontar, según relatos de Edgar Cayce, a la utilización de la energía de las flores en la rememorada Atlántida.

Mas esto no hubiera sido posible sin su extraordinaria sensibilidad y su precoz y profunda consagración al servicio de la humanidad. Edward Bach nació y creció en un ambiente rural cerca de Birmingham en el año 1886. Este hecho y su prematura toma de conciencia del dolor y la enfermedad, le ayudó, de un lado, a ser receptivo y sensible al mundo vegetal y a la naturaleza, y de otro, tomar muy tempranamente la decisión de estudiar medicina. Cursa estudios en Londres y practica la medicina ortodoxa hasta el año 1919; pero a partir de ese año, y ante su incertidumbre en ir a la causa profunda de la enfermedad por esa vía, adopta posiciones más "naturistas" y comienza a practicar la homeopatía, la inmunología y la bacteriología. Imparte numerosas conferencias y escribe artículos en revistas especializadas, lo que le da una proyección internacional importante. Crea remedios homeopáticos a partir de toxinas; remedios que hoy día se siguen utilizando por muchos homeópatas y que son conocidos como los "nosodes de Bach". En ese tiempo prepara homeopáticamente flores como la mostaza y la impaciencia, obteniendo muy buenos resultados en su utilización.

Durante todos estos años, Edward Bach no para de buscar dónde está el "quid" de la enfermedad, del dolor. No le llenan los métodos que utiliza, pues éstos no hacen sino que tratar más o menos superficialmente los síntomas de la dolencia, y él entiende o siente que las llamadas "causas" no son más que pasos intermedios del verdadero origen que intuye más allá de lo puramente vegetativo o psíquico. En 1930 se produce un suceso que marcará definitivamente su orientación. Conoce a Rudolf Steiner y asiste a las conferencias que éste pronuncia en Londres y en las que refiere el gran poder de curación de las flores, sobre todo a nivel espiritual, y que aún estaba por descubrir.

Edward escribe "Cúrese usted mismo"; (publicado en: la Curación por las flores, por Editorial Edaf.), y en todo ese proceso llega a la profunda convicción de que la enfermedad es el resultado de un "desencuentro", del alejamiento o la disonancia entre alma y personalidad, entre el mundo interno y el mundo externo, e intuye que en las flores, como máxima expresión del reino vegetal, hay una respuesta a esta discordancia; y que éstas, pueden intervenir terapéuticamente en todos los procesos emocionales que preceden y acompañan a la enfermedad.

Abandona todo lo que era su práctica médica hasta ese momento, deja su consulta de Londres y se dedica a investigar en el campo sobre los métodos de elaboración y aplicación de los preparados florales, tanto a través de decocción como de maceración solar.

En 1932 escribe "Los doce curadores", que es una exposición de los doce remedios elaborados hasta entonces por él. Entre 1930 y 1936 elabora un sistema de 38 elixires florales que, junto al llamado "Remedio de rescate", forman el conjunto de 39 elixires, hoy día conocido como "Flores de Bach". Su sistema de investigación, sobre todo en el final del proceso, fue muy peculiar, rayando en la mediumnidad, puesto que él entraba espontáneamente en el estado de precariedad emocional específico por el cual se veía impulsado a buscar la flor adecuada.

Edward Bach muere en noviembre de 1936, con la certeza no sólo de haber aportado un sistema inofensivo de manejo, operativo y eficaz frente a la enfermedad, sino todo un método para el trabajo de crecimiento personal y liberación de la consciencia; ya que los elixires florales no actúan de forma sintomática y parcelaria, sino que lo hacen de forma global y holográmica, liberando los patrones de conducta y de pensamiento erróneos y posiblemente conducentes a desequilibrios sutiles, pero poderosos en el devenir de la enfermedad.

A lo largo de la lectura de este libro que tengo el honor de prologar, podemos asistir a todo el proceso de evolución personal de Bach, ya que es un compendio cronológico de conferencias impartidas por él; asistir no solamente a su evolución profesional, incluso a su maduración espiritual, sino deleitarnos con pequeños detalles, breves comentarios de primera mano sobre las esencias, detalles inéditos y no recogidos hasta ahora en toda la literatura que sobre el tema se ha escrito. Por lo tanto, os invito a que lo leáis con atención, a comprender cómo Edward, a través del ejercicio sistemático de la coherencia personal, pasa de concepciones racionalistas y científicas a posiciones que le llevan a concebir la vida como un flujo continuo y constante del espíritu y a experiencias tan "raras" como la proyección astral consciente para tratar a sus pacientes.

Desde su muerte han surgido nuevos investigadores y nuevas esencias, pero sin duda a él le corresponde el honor de ser el primero, el ermitaño que alumbró en nuestro tiempo una nueva forma de entender la vida, la enfermedad y la luz que de todo ello puede desprenderse.

Que el prólogo no sea sino un homenaje al hombre que sintió la llamada profunda de la vida, que vivió el sagrado hacer de la naturaleza a través del mundo de las flores. Esa consagración por la que, todos los días, "La Amada" –Gaia– renueva la promesa de amor eterno a su Amado –el Universo.

Pedro López Clemente

LA INTOXICACIÓN INTESTINAL EN RELACIÓN CON EL CÁNCER.

(British Homeophatic Journal, octubre 1924)

Esta conferencia trata de la intoxicación intestinal y su relación con las enfermedades, sin excluir las malignas. Confío en que las afirmaciones que voy a hacer a continuación no sólo sean de su interés, sino que consideren que merece la pena ocuparse de ellas con mayor profundidad.

La intoxicación intestinal no es ningún tema nuevo. En los últimos cien años se han realizado una gran cantidad de trabajos, tanto desde el punto de vista médico como quirúrgico, en aras de contrarrestar los efectos perjudiciales de la intoxicación intestinal. Y hasta los tiempos más recientes del desarrollo de nuestra profesión no encontramos los métodos de tratamiento y los medicamentos cuyo único el importante objetivo es limpiar el intestino. Pero a medida que se reconocía la importancia de la intoxicación intestinal y se profundizaba en su investigación, hemos podido comprender mejor sus detalles y las circunstancias más precisas que conducen a esos resultados perjudiciales. Sólo ahora se han entendido las poderosas y amplias repercusiones de la intoxicación intestinal. Actualmente tenemos que reconocer sus efectos devastadores sobre toda la civilización, que son más difíciles de entender por la alevosía de la intoxicación intestinal. Los médicos tienen que reconocer todavía la segura y continua remisión de la capacidad de resistencia y la disposición de la enfermedad, así como los éxitos que se han conseguido frente a la gran mayoría de enfermedades por la eliminación de la intoxicación intestinal.

La causa fundamental de esta aberración radica en la alimentación y en la posterior infección, que sólo puede extenderse cuando se produce una mala alimentación. En esta conferencia me gustaría intentar ilustrarles algunas razones, tanto científicas como prácticas y explicarles el importante papel que desempeña en la mayoría de las enfermedades, y que las causas de predisposición al cáncer no constituyen ninguna excepción.

El alimento es la gasolina del motor humano, el que abastece hasta a la más diminuta célula de la más maravillosa de todas las maquinarias. El cuerpo humano. Pero como explicaré más adelante, cuando el carburante carece de algún componente esencial no se convierte en una fuente de energía degradada, sino que abre infinidad de posibilidades de producir venenos y sustancias nocivas que arruinan por completo el sano y perfecto funcionamiento del hombre. Desde tiempos inmemoriales se han elaborado teorías sobre el diferente valor de los distintos alimentos, y cualquiera que se distancie de los hábitos de su sociedad es considerado un excéntrico.

Espero poder acercarles hoy a los inicios de la investigación, que en el futuro mostrará con más exactitud cuál es la alimentación normal y correcta para el hombre.

No puede existir la menor duda de que la alimentación de la civilización es completamente equivocada, y no hace falta ser muy juicioso para aceptar que nuestros modernos métodos de cocinar y preparar nuestro alimento no son en modo alguno compatibles con las leyes de la naturaleza.

El origen de la intoxicación intestinal se remonta originariamente a una alimentación equivocada, y sólo después puede achacarse a una infección, que únicamente puede manifestarse cuando las condiciones del tracto gastrointestinal no son normales. Este estado existe en casi todos, si no en todas, las personas que se nutren de los alimentos que comemos hoy día. Posiblemente, este estado no conlleve ningún síntoma durante meses o años, o incluso hasta edad bien avanzada, ya que la enfermedad depende en gran medida de la capacidad de resistencia del sujeto a las sustancias venenosas, pero también en cierta medida de los diferentes organismos que estén relacionados con la intoxicación.

Una alimentación equivocada puede empezar el mismo día del nacimiento, como en el caso de la alimentación artificial; pero a menudo comienza hacia finales de los primeros meses de vida.

Considerada desde el punto de vista de la historia natural de la humanidad, ésta está destinada sin lugar a dudas a vivir de los alimentos vegetales de los trópicos, y probablemente de la carne de pequeños animales, pero tanto si se piensa que el hombre es vegetariano como si es carnívoro, hay una cosa segura: que nuestros modernos métodos de cocinar, almacenar y preparar los alimentos no son admisibles dentro del orden cósmico de las cosas.

De aquí, como veremos más adelante, que desde nuestra más temprana infancia vivimos con un contenido intestinal anormal y que mantenemos estas circunstancias a lo largo de toda nuestra vida.

Es posible que los organismos anormales del intestino no se habrían convertido en perennes parásitos intestinales, aunque su presencia sea tan universal, si admitimos que el hombre se hubiera alimentado correctamente desde su nacimiento.

Doy esta conferencia por tres motivos:
1- Un gran número de enfermedades puede ser tratado con éxito siguiendo estas directrices.
2- El beneficio que se obtiene de la aplicación de estas directrices hay que achacarlo a una mejora general del estado de salud, y no a un tratamiento local.
3- El 25% de todos los casos avanzados de cáncer que no son operables que han sido tratados por este método muestran una mejora pasajera y una remisión de los síntomas, viviendo una época más agradable en general.

Cuando en el 25% de los casos de cáncer en estado avanzado puede consignarse algún indicio de éxito y afirmarse que el porcentaje es mayor, no parece que merezca la pena proseguir en esa línea de pensamiento y en la investigación en este terreno.

Quiero ocuparme aquí en detalle de estos puntos, y me gustaría ilustrar los resultados.

La falta de alimentos naturales:
1- La ausencia de productos vitales que son necesarios para la salud, como, por ejemplo, las vitaminas, entre otros.
2- La falta de sustancias que necesita la flora bacteriana del tracto intestinal para garantizar su limpieza.
3- La existencia de sustancias de las que pueden obtenerse venenos sin grandes problemas.

Respecto a los tres puntos anteriores hay que explicar lo siguiente:
1- La ausencia de vitaminas y sustancias que son necesarias para la salud es algo aceptado generalmente y sólidamente demostrado, de manera que resulta innecesario explicar en detalle este punto, sobre todo si se piensa en las enfermedades más destacadas en este sentido, como el raquitismo o el escorbuto. Pero cuando se investigan con más minuciosidad los fenómenos carenciales, probablemente se verá que hasta el mínimo fenómeno carencial tiene graves repercusiones durante mucho tiempo en el metabolismo general.
2- Para que el tracto intestinal esté limpio, se necesitan ciertos organismos, y éstos sólo pueden existir si se los alimenta correctamente. Las bacterias limpiadoras del intestino son las lactobacterias, puesto que mediante el ácido que producen inhiben los procesos de putrefacción y se encargan de que los excrementos estén sanos y relativamente estériles. Para este proceso tiene una gran importancia el almidón, ya que el azúcar o el azúcar y el almidón, son necesarios en el intestino para desencadenar este proceso.

La alimentación media incluye muy poco almidón. Al cocer, hacemos disminuir aún más la escasa cantidad existente, ya que la cocción destruye la envoltura celular y produce una hidrólisis parcial de los hidratos de carbono, de manera que en el intestino ciego domina una desesperada carencia de azúcares, con lo que se inhiben las reacciones ácidas.
3- En la actualidad tomamos en exceso proteínas de origen animal, que pueden generar con facilidad sustancias tóxicas.

La comparación de las heces de personas que llevan una alimentación media con las de las que ingieren gran cantidad de comida cruda aportó resultados muy interesantes y sorprendentes. El color normal de las deposiciones es marrón oscuro, aunque debería ser marrón claro. El olor normal se describe como "nauseabundo", aunque en realidad debería ser inodoro, o a lo sumo presentar un ligero olor a leche agria.

En los libros de texto, la reacción normal se describe como una reacción alcalina, aunque debería ser ácida.

Desde el punto de vista químico faltan la mayoría de las bacterias putrescentes como Scatol o Indol, y, en último término, el contenido bacteriano del intestino presenta grandes diferencias en cuanto a estos dos grupos. Las bacterias más normales las constituyen las del grupo *coli*, estreptococos, bacilos esporíferos y bacterias anormales que describiré más adelante, mientras que los únicos organismos presentes en una deposición sana son las lactobacterias y las bacterias *coli*.

Esta gran diferencia debería bastar para convencer a cualquiera de las ventajas de una correcta alimentación, así como del provecho que el hombre podría sacar si no existieran todos estos procesos de putrefacción que tienen lugar habitualmente. Pero esto no es todo, ya que en un intestino sano tal como el que he descrito, las bacterias anormales es muy difícil que puedan estar presentes, y no producirían sustancias venenosas con tanta facilidad, mientras que el intestino alcalino es un nido de incubación excelente para la mayoría de las bacterias patógenas, como ha podido comprobarse en los laboratorios durante años. En el único lugar que las bacterias no pueden producir venenos es en un medio sano.

Además, los organismos naturales limpiadores del intestino prácticamente se extinguen cuando el medio intestinal es alcalino.

Vayamos ahora a las bacterias anormales que son las principales responsables de la intoxicación intestinal. Estos organismos se encuentran en la práctica totalidad de las civilizaciones. Se trata de bacterias gram-negativas que no son capaces de producir la fermentación del ácido láctico. Ya se ha descrito con detalle un gran número de especies, pero el número de formas diferenciadas es tan abrumador que resulta imposible clasificarlas a todas, y por el momento es más que suficiente clasificarlas en grupos. Estos organismos no son tan patógenos en el sentido estricto del término y no producen ninguna enfermedad, aunque ocasionalmente pueden ser responsables de trastornos locales del tracto intestinal. Su peligro radica más bien en sus efectos duraderos y continuados y en las sustancias venenosas que producen paulatinamente durante toda su vida, que van minando lenta y subrepticiamente la vitalidad del hombre, aumentando su sensibilidad tanto para las enfermedades agudas como para las crónicas. El tiempo que tardan en manifestarse los síntomas depende de la virulencia de la intoxicación y, lo que es más importante, de la capacidad de resistencia del afectado. En la mayoría de los casos, la infección aparece muy temprano, y es bastante frecuente encontrar estos organismos no sólo en los adultos, sino también en los niños, por lo que más o menos se les considera habitantes normales del tracto intestinal, opinión que predominaría incluso en algunos laboratorios si no existieran los sorprendentes resultados conseguidos en el tratamiento de las enfermedades crónicas cuando se eliminan esos organismos.

Una vez que estos organismos se han desarrollado en el cuerpo, parece ser que viven en la zona de la vesícula y los conductos biliares, y los americanos lo han demostrado con profusión extrayendo gran cantidad de estos organismos después de haber introducido un instrumento en el duodeno a través de la boca y del estómago.

El tratamiento se compone de dos métodos diferentes y está destinado a eliminar la intoxicación intestinal. Por una parte, la alimentación debería contener la menor cantidad posible de sustancias capaces de producir toxinas, que al mismo tiempo sería la más adecuada para el crecimiento de las bacterias limpiadoras y para impedir que surjan organismos anormales. En segundo lugar, deberían eliminarse del intestino del paciente las bacterias productoras de toxinas. Esta alimentación no contiene ninguna forma de carne cocinada, ya que estas toxinas pueden surgir muy fácilmente de la carne, el paciente deberá pasarse a una alimentación casi exclusivamente vegetariana, compuesta de frutas, nueces y cereales.

Con esto se consigue en principio reducir considerablemente la cantidad de toxinas que se producen en el intestino. Si se continua manteniendo esta alimentación, se llega a eliminar finalmente todas las bacterias patógenas, pero, por desgracia, la mayoría de los pacientes necesitan años para conseguirlo, pues parece ser que las toxinas son muy pertinaces; sobre todo en la vesícula biliar y en los conductos biliares, y del mismo modo a como se ha observado con tanta frecuencia en los transmisores del tifus.

Por lo tanto, la eliminación de estos organismos no es una tarea sencilla. Los antisépticos intestinales tienen éxito durante un cierto tiempo, pero no tienen un efecto duradero.

Como ya he dicho, la alimentación correcta es un proceso muy dilatado. Los mejores resultados parece obtenerlo la terapia de vacunación. Para ello, las vacunas hay que administrarlas con el máximo cuidado ya que tienen profundos efectos sobre todo el organismo y pueden acarrear daños si no se aplican científicamente.

Después de administrar las dosis, utilizando siempre la mínima posible siempre que mantenga su eficacia, debería producirse un empeoramiento de todos los síntomas, que en condiciones ideales debería durar uno o dos días, pero que en casos graves puede llegar a durar hasta un mes.

A este empeoramiento inicial debería seguir una mejoría, y mientras dure ésta, aun cuando se alargue un año entero, no debería administrarse ninguna dosis más. A este respecto es extraordinario el hecho de que unas pocas dosis pueden producir la curación, incluso tratándose de enfermedades crónicas graves.

Hasta aquí les he explicado las circunstancias que rodean una intoxicación intestinal.

La diferencia entre las heces normales y las excreciones limpias y sanas de una alimentación natural, que no llevan asociados olores ni putrefacción, debe tener una gran influencia sobre el hombre, al igual que tiene que resultar convincente la flora intestinal totalmente diferente, que se encuentra en una alimentación sana. Pero para poder calibrar verdaderamente la importancia de la supresión de un estado tóxico es imprescindible que observemos con nuestros propios ojos muchos casos que han sido tratados con este método, y es necesario que seamos conscientes de los notables éxitos que consigue. En los últimos años muchos han podido ser testigos de estos efectos positivos.

El estado del intestino no es en sí mismo el auténtico desencadenante de la enfermedad, sino una enfermedad que puede dilatar su efecto traicionero durante meses o años, debilitando la vitalidad y capacidad de resistencia, lo que puede atribuirse a la existencia de la auténtica causa de la enfermedad. La eliminación de este estado permite al cuerpo combatir con la máxima efectividad y de forma sorprendente hasta las enfermedades que se encuentran en un estado de desarrollo muy avanzado. El bacilo de la tuberculosis es considerado como la principal causa de la tisis, pero el descubrimiento de este germen de la enfermedad ha contribuido bien poco a combatir la enfermedad, a no se protegiéndose de una infección.

El bacilo de la tuberculosis, en sí mismo, no puede convertirse en un peligro, excepto en el caso de una vitalidad muy debilitada, y en la mayor parte de los casos de tisis pueden conseguirse efectos marcadamente positivos si se elimina la intoxicación intestinal subyacente, incluso cuando la enfermedad se halle ya muy avanzada. Lo mismo cabe decir de muchas enfermedades crónicas, en las que el objetivo del tratamiento original consiste en mejorar el estado de salud del paciente, después de lo cual se cura la enfermedad local mediante un proceso de autocuración. Uno de los métodos más seguros para aumentar a capacidad de resistencia y producir una mejora del estado de salud consiste en limpiar el intestino y liberar el cuerpo de todos los venenos que con tanta frecuencia se producen en dicho órgano.

Tal vez les interese conocer que los experimentos han confirmado los amplios efectos que muchos remedios de gran poder ejercen sobre esas bacterias anormales, y se ha demostrado que su alcance es desde todo punto de vista comparable al de la inyección de la vacuna.

La utilidad que se consigue, y que ya he descrito para las enfermedades crónicas, es algo reconocido en amplios círculos, y ha sido observado durante tantos años por tal cantidad de médicos que ya no existe ninguna duda al respecto. Y ahora podemos decir lo mismo de las enfermedades malignas.

En los laboratorios de todo el mundo existe la creciente tendencia a considerar la alimentación como una causa de predisposición a la enfermedad. Se han ensayado muchos cambios de alimentación, y en algunos casos se han conseguido resultados marcadamente favorables. Mi propia experiencia de los últimos ocho años, acumulada en los casos que he tenido oportunidad de tratar, me indica que el 25% de los casos de enfermedades avanzadas o muy avanzadas se produjo primero una mejoría concreta y temporal, con lo que, a pesar de todo, no pretendo arrogarme el hecho de haber conseguido ni una sola curación.

Nuestro objetivo no consiste en curar el cáncer, sino en impedirlo. Dado que la supresión de la intoxicación intestinal produce una mejoría tan grande incluso en los casos más avanzados de la enfermedad, ¿cómo, en toda una vida, un intestino sano no va a impedir la aparición de la temida enfermedad? La mayoría de los casos que he tratado se encontraban en el estadio terminal de la enfermedad, y en muchos de ellos un cambio de la alimentación era imposible por motivos económicos cuando los pacientes se encontraban en el hospital, de manera que el porcentaje de casos en los que se produjo una mejoría sería mucho más elevado si sólo se tomasen en consideración los pacientes que fueron tratados en su casa y con los que se procedió a un cambio de sus hábitos alimenticios.

A continuación me gustaría darles algunos ejemplo de los pacientes con los que se consiguieron los mejores resultados. No se trata de milagros, pero deben pensar que siempre se trataba de casos incurables, y los resultados fueron tan regulares que hay que excluir la casualidad.

Caso 1

Señora F.C., de 37 años, Marzo de 1923. Dos años antes amputación de mama. En el estado actual formación de metástasis en ambos pulmones y en hígado. Derrame de pleura. Esternón visiblemente abombado. Continuos vómitos. Pulso 130. Respiración 32. Primera dosis el 16 de marzo. Al las 24 horas notable mejoría. La mejoría generalizada se mantuvo durante tres semanas. Segunda dosis 5 de abril. Mejoría aún mayor. La paciente pudo levantarse. La mejoría fue en aumento y a las pocas semanas la paciente pudo hacer una vida casi normal. La respiración y el pulso se normalizaron y la secreción de líquido remitió. Nulo crecimiento de la metástasis. Tercera dosis el 15 de julio. Continua mejoría durante los meses de julio, agosto y septiembre. A la paciente le fue aceptablemente bien hasta mediados de diciembre. Enfermó de pronto el 27 de diciembre y falleció el 28 del mismo mes.

Caso 2

Señor J.B., 63 años, abogado. Carcinoma en vesícula biliar e hígado. En diciembre de 1919 el paciente sufre enormes dolores y tormentos. Fuerte inflamación del hígado. Necesita morfina contra los dolores. Primera dosis en diciembre a las 48 horas. A la tercera semana se manifiesta una mejoría generalizada. Al cabo de un mes, el paciente podía levantarse y siguió atendiendo sus deberes habituales. Durante ese período el crecimiento del carcinoma se redujo ligeramente. Pero el dolor desapareció por completo. Posteriormente recibió dos nuevas dosis. En agosto el paciente sufrió de improviso un infarto y murió al cabo de tres semanas.

Caso 3

Señor W.S., 72 años. Carcinoma de lengua. Le había sido extirpada. Fuerte formación de metástasis en boca y zona cervical. Dolores considerables y frecuentes y ligeras hemorragias en la boca. Primera dosis el 7 de noviembre: el dolor y la hemorragia remitieron a las 24 horas de su administración. El crecimiento metastásico se redujo. Más dosis el 14 de diciembre, 29 de enero y 18 de febrero. El paciente dejó de tener dolores y hemorragias. El crecimiento metastásico se detuvo hasta febrero, en que volvió a aparecer. El paciente falleció de pronto el 1 de marzo.

Caso 4

Señora M.R., 66 años, carcinoma avanzado en cuello de útero. Fuertes hemorragias y dolores. Primera dosis el 25 de octubre: las hemorragias y los dolores desaparecieron hasta diciembre. Segunda dosis el 9 de diciembre: mejoría generalizada. Ligera hemorragia el 15 de enero. Tercera dosis: mejoría generalizada hasta mayo. Después no se encontró especialmente bien. Cuarta dosis el 5 de junio: la paciente sigue viva y cada día se siente mejor.

Caso 5

Señora E.M., 62 años. Carcinoma avanzado en cuello de útero. Debe guardar cama. Fuertes dolores. Recibe sedantes. Primera dosis el 15 de febrero: considerable mejoría. Al cabo de una semana, la paciente podía levantarse. Segunda dosis en marzo y tercera en junio. El estado de la paciente continúa siendo bastante bueno y puede levantarse y ayudar en la sección del hospital donde está ingresada.

La lista de casos podría ampliarse a voluntad. Los resultados que se consiguen normalmente con los pacientes que responden bien al tratamiento son los siguientes: mitigación del dolor, a menudo los dolores desaparecen por completo, detención más o menos pronunciada del crecimiento canceroso, el paciente se siente mejor, y por lo general el final se cierne de repente o después de una corta recaída.

Los puntos esenciales que me gustaría explicarles son los siguientes:

1. La alimentación de la civilización es antinatural, no presenta las cualidades que necesita la salud y no garantiza al tracto intestinal un estado sano y limpio.
2. Las condiciones que a consecuencia de ello predominan en tracto intestinal conducen a la formación de una flora anormal, a la falta de organismos limpiadores y a la existencia de bacterias productoras de toxinas, por lo que las secreciones no dejan de ser peligrosas.
3. La supresión de este estado y la limpieza del intestino es causa de una notable mejoría del estado general de salud, y habitualmente la mejoría se produce también con las enfermedades crónicas sin que se realice ningún tratamiento local.
4. Por último, estos éxitos dan pie a la esperanza de que este remedio extremadamente simple impida las enfermedades malignas, e incluso de que pueda ser útil en el tratamiento del cáncer cuando se perfeccione más.

La intoxicación intestinal ha dejado ya de ser un cuadro morboso confuso, como lo fue en el pasado cuando la estasis era considerada la principal causa de esta enfermedad. Hoy conocemos los modos de alimentación necesarios en los que se renuncia a los alimentos que producen toxinas con facilidad, y conocemos las bacterias que están relacionadas con la producción de estas toxinas.

La intoxicación intestinal no depende tanto de la estasis como del contenido del intestino. Las toxinas no pueden absorberse cuando no existen, aunque sí haya estasis. Pero cuando las excreciones son putrefactas se absorbe una determinada cantidad de toxinas que penetran en el sistema circulatorio, sin depender de la rapidez con que se eliminen los excrementos del intestino.

Si el intestino mantiene un estado limpio, por lo general se produce una fuerte mejoría del tono muscular y un estado general que anula el estreñimiento.

LA PROBLEMÁTICA DE LA ENFERMEDAD CRÓNICA.

(Conferencia pronunciada en el Congreso Homeopático Internacional de 1927)

En las más antiguas tradiciones de la historia de la medicina encontramos ya la prueba de que, consciente o inconscientemente, se conocía lo que hoy distinguimos como intoxicación intestinal, algo de lo que dan fe los remedios y medicamentos utilizados por los primeros médicos, remedios de los que una gran parte tenían un efecto purgante y estimulante de las secreciones biliares, con lo que provocaban la limpieza del intestino. En los siglos de ejercicio de la ciencia médica se han ido experimentando los más diversos métodos siempre por razones parecidas, e incluso hoy día gran parte del moderno tratamiento se basa en dietas y medicamentos especiales, el incluso la cirugía se sustenta en ideas similares.

El conducto digestivo tiene que tener a la fuerza una gran importancia. Su superficie es mayor que la superficie epitelial de nuestro cuerpo. Además, está capacitado para absorber líquidos, una facultad que nuestra piel no posee en la misma medida. Ustedes pueden bañarse en cianuro potásico sin enfermar por ello. Sin embargo, la más mínima cantidad de cianuro potásico en el estómago podría ser letal. Ustedes podrían bañarse en aguas infectadas por las bacterias del tifus y de la difteria, o por otro tipo de bacterias, sin sufrir daños, pero si una cantidad microscópicamente pequeña de estos gérmenes alcanzaran la boca, las consecuencias podrían ser muy graves, e incluso mortales.

El contenido del tracto intestinal es el medio en el que vivimos y del que obtenemos nuestros líquidos y nuestro alimento. Es similar al agua en que vive la ameba unicelular. Es de una importancia capital que se halle limpio y que contenga las sustancias necesarias para la vida, y además no puede contener ninguna sustancia que al ser absorbida pudiera producir daños al organismo por no haber mecanismo de defensa contra ella.

Es un auténtico misterio de la naturaleza el hecho de que sea capaz de eliminar los contenidos intestinales más variados, algo que se desprende del hecho de que se ha demostrado la capacidad de adaptación de todas las razas. Pensemos por un momento en los diferentes hábitos alimenticios que hay en cada país. Piensen en la cantidad de composiciones diferentes que puede tener el quimo intestinal como consecuencia de las diferencias de alimentación. Y a pesar de todo, las razas sobreviven. Hasta ahora el castigo por una mala alimentación no es la muerte, sino la enfermedad; no la extinción del hombre, sino su degeneración.

Lo más probable es que la raza humana viviera originariamente de alimento crudo, de frutas y alimentos de los trópicos, y el conducto digestivo humano se desarrolló para poder procesar ese alimento. Pero los descendientes de aquella raza emigraron a zonas climáticas más frías, y muchas son las naciones que viven casi exclusivamente de alimentos cocinados, algo que modifica completamente el contenido del intestino: pero la raza sobrevive. No obstante, la humanidad no se sustrae del todo al castigo. Padece cientos de enfermedades, sufre un estado de salud debilitado y la pérdida de vitalidad física.

Es bastante improbable que el hombre pueda retornar alguna vez a un estado primigenio, y aun cuando esto sucediera, en último término no nos afecta. Nos interesamos por los miles de millones de hombres de nuestro siglo y del futuro cercano que quieren vivir como nosotros lo hacemos ahora y que claman a voz en grito por la salud y por verse libres de sus padecimientos. Debemos rendir justicia a las necesidades actuales en lugar de cruzarnos de brazos esperando un futuro ideal. Cuando una raza vive de una alimentación contra-natural, el contenido intestinal se modifica tanto química como física o bacteriológicamente. Todos estos factores juegan su papel, pero en las personas con las que tenemos que tratar, la alteración bacteriológica es la más decisiva.

Mientras en nuestra dieta tomemos fruta, ensaladas y otros alimentos crudos, los factores químicos y físicos pueden mantenerse dentro de límites normales mediante una alimentación que no se diferencie demasiado de la alimentación de la civilización. De esta forma, dentro de los límites de los hábitos alimenticios que son incompatibles con las posibilidades que ofrecen las economías domésticas y los restaurantes públicos, pueden evitarse modificaciones extremas del estado físico y químico normal. Soy de la opinión de que es posible comer diariamente en restaurantes y seleccionar los platos de tal forma que el intestino se mantenga limpio dentro de límites razonables, sin necesidad de que rechacemos unos platos por nuestros prejuicios o prestemos demasiada consideración a otros. Pero aunque esto sea posible, no se deduce de ello que este hábito alimenticio sea suficiente para curar la enfermedad.

Ése puede ser el caso en contadas situaciones, pero, tratándose de infecciones crónicas o agudas, a la larga el elemento bacteriano se opone a la mejoría del contenido intestinal, por lo que hay que aplicar otros métodos para acelerar el proceso de curación. De ahí que la infección bacteriana tenga mucha mayor importancia que un estado química o físicamente anormal del intestino, ya que es mucho más difícil de tratar.

¿Tienen ahora clara la diferencia que existe entre el contenido del intestino grueso de una persona que se alimenta de dieta cruda y el de otra que se nutre de alimentos cocidos?

En este último caso, que es el que nos encontramos en el hombre civilizado, el contenido intestinal tiene olor pútrido, color oscuro y es alcalino. Contiene muchos productos de descomposición, y el contenido intestinal se compone de bacilos *coli*, estreptococos y organismos esporíferos. Compárenlo con un hombre sano que se alimente de dieta cruda.

El contenido del intestino grueso es en ese caso inodoro y ácido. Está libre de productos de descomposición, y su contenido bacteriano se compone de bacterias lácticas y algunos bacilos *coli*.

Para cualquiera que esté familiarizado con este hecho es suficiente razón para reflexionar seriamente.

En muchos casos puede lograrse la curación incluso sin llegar a cambiar una alimentación poco natural, si bien no voy a negar que la combinación conseguiría mejores y más duraderos resultados.

Respecto a una alimentación sana, tiene una gran importancia el hecho de que, satisfaciendo las necesidades del cuerpo, nos preocupemos de que la reacción del intestino grueso se realice en medio ligeramente ácido, en lugar del medio alcalino habitual en la civilización occidental. El ácido está relacionado con el crecimiento del bacilo de la fermentación del ácido láctico, y este organismo necesita a su vez hidratos de carbono para poder multiplicarse. El almidón normal se transforma en azúcar bastante antes de alcanzar el intestino grueso, pero la avena cruda, o, mejor aún, las nueces molidas, son excepcionales para dotar al cuerpo de un almidón que apenas se transforma en azúcar en el tracto superior del intestino.

No creo que se haya demostrado que el grupo de bacterias del que trata la presente conferencia sea la causa de la enfermedad. Pero afirmo que estas bacterias de las que estoy hablando están presentes en todos los pacientes, que se hallan ligadas a la enfermedad crónica, y que utilizando los remedios que obtenemos de estas bacterias tenemos un arma eficacísima para luchar contra todo tipo de enfermedad crónica.

Quisiera dirigir ahora mi atención sobre la consideración que se les da a estos organismos cuando se detectan, organismos que son un indicio de enfermedad potencial o ya existente y que se presentan en la gran mayoría de nuestros semejantes. Podemos preguntar: ¿Por qué no es siempre posible demostrar la enfermedad si estas bacterias son tan perjudiciales? La respuesta es que su virulencia no se manifiesta de forma inmediata, y que las personas que tienen buena salud pueden estar expuestas a estas sustancias nocivas durante años sin sentir ningún malestar evidente. Pero a medida que aumenta la edad y baja es estrés físico permanente de tener que rechazar estos organismos u otras circunstancias que conduzcan al brote de la enfermedad, se hacen patentes las repercusiones dañinas, e instantáneamente se debilitan las defensas corporales contra dichos gérmenes, manifestándose la enfermedad. La razón de todo ello es que normalmente el hundimiento de las defensas no se produce antes de la mediana edad, cuando empuja la siguiente generación, y cuando la resistencia contra estos organismos no tiene una fuerza especialmente activa, pues es frecuente comprobar que la naturaleza, si bien es muy cuidadosa en todo, a menudo se despreocupa cuando se trata de una vida aislada. De manera similar, el largo período de incubación de la tuberculosis llevó a la creencia mantenida durante muchos años de que no era una enfermedad contagiosa.

Los gérmenes de los que estoy hablando son bacterias gram–negativas del grupo *coli* del tifus. Lo importante de todo ello es que no están capacitadas para producir la fermentación del ácido láctico, lo que las diferencia del bacilo *coli*.

No son patógenas en el sentido habitual del término, como los agentes patógenos del tifus o la disentería, y en el pasado se les solía considerar poco importantes. No son exactamente idénticos, pero están muy emparentados con estos organismos y pertenecen a su mismo grupo.

Probablemente su número sea inconmensurablemente elevado, tal vez infinito. Es posible estudiar cientos de estos gérmenes sin encontrar dos especies idénticas.

No obstante, podemos clasificarlos en grupos, aunque esto represente una clasificación un tanto grosera, dado que cada grupo incluye una multitud interminable de sub–especies que se diferencian entre sí por detalles minúsculos.

A tal efecto, estas bacterias que no fermentan el ácido láctico se clasifican en los seis grupos siguientes:

Disentería   Gaertner
Faecalis alcaligenes Morgan
Proteus   Colis mutable

Se agrupan en función de su capacidad de producir la fermentación de diferentes clases de azúcares, para lo cual se han utilizado pocas clases para mantener lo más reducido posible el número de grupos. Cuando se utiliza una vacuna autógena carece de importancia para el tratamiento definir con precisión el organismo, y el organismo polivalente se extiende por un amplio espectro que contiene muchos representantes de cada subgrupo. Por lo tanto, se trata de bacterias que la mayoría de las veces se consideran inofensivas, pero que en realidad son un síntoma de una enfermedad crónica, y, cuando se utilizan correctamente, un remedio contra la misma.

La prueba clínica de su poder curativo es demasiado convincente para dejar paso a la duda, algo sobre lo que volveré enseguida, pero en los laboratorios se van acumulando las pruebas de carácter no clínico que confirman la relación existente entre estos organismos y la enfermedad.

Examinando a diario las heces de un paciente, y registrando en una tabla los porcentajes de organismos existentes, puede establecerse la relación existente entre su estado de salud y la cantidad de bacterias encontradas.

Con el tal porcentaje me refiero a la relación entre el número de organismos anormales que no fermentan la lactosa y el número de bacilos *coli* presentes. Hablando en términos generales, se considera normal que sólo existan bacterias *coli*, pero estas bacterias anormales pueden encontrarse en cualquier porcentaje (desde 1 a 100%) en las colonias.

Por la variación que sufre la cantidad de estos gérmenes durante el tratamiento, puede determinarse hasta cierto grado la probable reacción del paciente.

Existe una regla nemotécnica que dice que los organismos encontrados en cada paciente no modifican su especie. Es decir, el grupo Gaertner no parece transformarse en gérmenes del Morgan o del grupo Proteus.

Cuando se examinan a diario las deposiciones de un paciente y se registra el porcentaje existente de bacterias anormales, se podrá constatar que éste no permanece inalterable, sino que aparecen fluctuaciones cíclicas. Puede ser que en un momento determinado no se hallen presentes y que luego aparezcan de improviso y se multipliquen a toda velocidad para volver a disminuir su presencia hasta desaparecer por completo. Los intervalos en los que no hay gérmenes presentes, la duración de la fase positiva en la que se encuentran presentes y el porcentaje máximo que alcanzan varía de un paciente a otro, pero el estado clínico del paciente mantiene cierta relación con la curva de organismos existentes.

Sin embargo, esta relación no se ha investigado aún lo suficiente para poder realizar afirmaciones concretas, ya que existen varios tipos de curva. Pero puedo asegurarles que existe una determinada relación entre el estado de salud y el porcentaje de bacterias, y valga como ejemplo el sobrecogedor resultado que se produce después de una terapia de vacunación, cuando una breve fase negativa se ve seguida de una fase positiva más elevada y larga, algo que ocurre con frecuencia en los pacientes. Hablando en general, podemos decir que en los casos en los que no se produce ninguna alteración del estado normal o una alteración muy pequeña tampoco se produce una reacción tan positiva.

En este terreno aún queda mucho por hacer, y la investigación futura nos deparará fecundos resultados.

Resulta sorprendente la extraordinaria velocidad con que puede modificarse el contenido bacteriano del intestino. Después de que los resultados del análisis de las heces fecales fueran negativos durante semanas, los bacilos anormales pueden alcanzar el 100% al cabo de sólo 36 horas.

Todavía no sabemos cómo se produce este fenómeno. Aún debe investigarse minuciosamente si estos organismos destruyen las bacterias *coli* normales, si las bacterias *coli* sufren mutaciones o si es una alteración del medio intestinal del paciente la que provoca la transformación, pero cuando el problema esté resuelto habremos dado un paso muy importante hacia la compresión de la causa de la enfermedad.

Pero sea cual sea la explicación, lo que está demostrado es que la cantidad de estas bacterias presentes en el intestino del paciente está directamente relacionada, desde el punto de vista médico, con su estado de salud en diferentes fases.

Otra característica peculiar es la estabilidad de un determinado bacilo del intestino de un determinado paciente, algo que ya he mencionado antes. Independientemente de la frecuencia con que sea examinado el paciente y de cuál sea su estado de salud, se encuentra durante años el mismo tipo de bacteria. Además, es bastante raro encontrar más de un tipo de bacteria en el mismo paciente, aunque puede ocurrir en un pequeño porcentaje.

Hay determinados síntomas que se presentan con mayor frecuencia en un tipo de bacteria que en otro, y no es improbable que cuando se emprendan ulteriores investigaciones se detecte una estrecha relación entre determinados síntomas morbosos y especies concretas de estos organismos.

Poco importa que estos organismos sean la causa o la consecuencia: se hallan ligados a la enfermedad crónica, y nosotros podemos sacar gran provecho de las vacunas que se obtienen a partir de ellos. Esto es algo que en los últimos 12 años se ha demostrado de forma concluyente.

Anteriormente me he referido al hecho de que la prueba médica de la importancia de este método de tratamiento es suficiente para no dejar resquicio a la duda. Hay que matizar esta afirmación.

Son miles y miles los pacientes que han sido tratados con este método por un número considerable de médicos, tanto con inyecciones subcutáneas como con remedios potenciados. En el 80% de los pacientes se produjo una mejoría, en otros se produjo una ligera mejoría, en la gran mayoría se constató un alivio concreto, y junto a una ingente cantidad de resultados excelentes hubo un 10% que prácticamente rozaba el milagro.

No emito esta afirmación sin contar con años de experiencia e investigación y después de haber observado a miles de pacientes. Y sin olvidar la cooperación de las observaciones y experiencias de médicos de toda Gran Bretaña que confirmarán esta conclusión.

Los pacientes pueden ser tratados con vacunas de estos organismos inyectadas por vía subcutánea, como ha venido practicándose durante años. Es algo que ya no nos ocupa, pero que quisiera traer a colación el libro *Chronic Disease*, del que podrán extraer nuevos detalles.

Llegados a este punto, quisiera recalcar que con los medios potenciados de organismos muertos podrán obtenerse mejores resultados, y no soy el único que lo piensa.

Estos remedios se llevan usando desde hace unos 7 años, y desde hace 3 han sido utilizados con frecuencia tanto por los homeópatas como por los alópatas. Hay alópatas que han abandonado completamente la aguja.

Existen dos tipos de estas potencias: autógenas y polivalentes. Quisiera explicar este punto. Un medio autógeno significa que se potencia el bacilo de un determinado paciente y que al paciente se le trata con ese mismo medio.

Un medio polivalente significa que se extraen organismos de cientos de pacientes, que después se mezclan y potencian. Ya les he hablado en otras ocasiones de este método de elaboración, cuando había un nosoda del que valía la pena ocuparse con más detenimiento.

El remedio autógeno se utiliza sólo con el paciente del que se han extraído las bacterias, o posiblemente con un paciente que padece una infección idéntica. La polivalente, por el contrario, se fabrica con el fin de tratar al mayor número de pacientes posible.

Para calibrar la utilidad relativa de ambos remedios necesitamos aún mucha experiencia antes de que podamos sacar conclusiones concretas; pero éste es un punto sin importancia, ya que aunque el remedio autógeno muestre un mayor porcentaje de buenos resultados, el polivalente tiene tanto éxito que la homeopatía tendrá que tomarlo en consideración como nosoda complementario (puedo decirlo con total confianza); y los resultados serán satisfactorios par todo el que se ocupe del tema (puedo decirlo con total confianza); y aun en el caso de que el remedio no resultara tener éxito, al menos sería un aliciente para intentarlo con el remedio autógeno. Por lo tanto, de esta comparación recogeremos suficiente experiencia para poder sacar conclusiones.

En la actualidad se está investigando ese punto, pero aún pasará tiempo hasta que se puedan hacer afirmaciones concretas Se tiene la esperanza de que, con ayuda de diferentes pruebas, pueda asegurarse cuál será la mejor forma de administración para cada paciente: la polivalente, la autógena o incluso una mezcla de dos o tres grupos de bacterias.

Para que esta conferencia resulte completa, es necesario que llame su atención sobre los detalles precisos de fabricación del medicamento, de manera que cualquier bacteriólogo competente pueda elaborar esas potencias.

Después de un período de incubación de 16 horas se toman muestras de heces. Tras ese período de incubación, los organismos se multiplican en forma de colonias rojas o blancas. Cuando producen la fermentación del ácido láctico mediante la producción de ácido, el ácido reacciona al rojo neutro del medio, con lo que se forma una colonia roja. Si el ácido láctico no fermenta, no se produce ácido, no se produce reacción alguna con el rojo neutro y las colonias son blancas. De ahí que, después del período de incubación las únicas colonias que tienen interés son las blancas.

De las colonias blancas se sacan cultivos, de los cuales se eliminan los pigmentados, y al cabo de 15 horas se producen las reacciones de los azúcares, a partir de las que se pueden clasificar los organismos. Un cultivo se rellena con 2 cc. de agua destilada, se sella y se calienta 30 minutos a 60º C, de forma que se destruyen las bacterias. El líquido se mezcla con lactosa en una proporción de 1:9 gramos o 1:99 gramos de lactosa. Esto produce la primera potencia decimal o centesimal dependiendo de la cantidad de lactosa que se utilice.

Otras potencias se obtienen mezclando en la proporción 1:6 ó 1:12, mezclando una parte de la sustancia original con 6 ó 12 partes de la dilución.

Es necesario prestar un cuidado muy especial en la esterilización de los aparatos, que deben someterse a calor seco de una temperatura mínima de 140º C durante 15 minutos, que es más efectivo que el vapor o el calor húmedo.

Los nosodas polivalentes se elaboran mezclando cultivos procedentes de cientos de pacientes, con los que se llena una botella estéril y después se repite todo el proceso de la potenciación ya descrito.

Yo entiendo que este nosoda no contradice en nada las leyes de Hahnemann. Como remedio considero que tiene un espectro más amplio que cualquier otro medicamento conocido.

Este nosoda es un eslabón que une la alopatía y la homeopatía. Fue descubierto por un representante de la alopatía, y se comprobó que puede armonizarse con los principios homeopáticos.

Les presento estos nosodas como un remedio que merece ser incluido en su farmacopea. Es especialmente útil como remedio fundamental en casos que no reaccionan ante medicamentos normales o para los que no existe ningún remedio indicado, si bien no tiene por qué limitarse a estos casos.

Respecto a este remedio hay mucho por hacer todavía. En este momento se están realizando experimentos para averiguar si los organismos son la causa o el efecto del estado de salud del paciente.

El nosoda que les presento hoy se ha ensayado tanto en América como en Alemania, y en Alemania lo ha utilizado un número de alópatas considerablemente mayor que de homeópatas. Algunos alópatas que han tenido durante años buenos éxitos con la inyección subcutánea, se han pasado de la aguja a la dilución.

Creo que la correcta aplicación de este nosoda radica en considerarlo un remedio fundamental. No pongo en duda que los mejores resultados se obtengan cuando a la administración del nosoda le sigue un tratamiento homeopático en el que se traten los síntomas con el remedio correspondiente.

El nosoda puede suprimir en mayor o menor medida las causas efectivas y profundas de la enfermedad. Por decirlo de alguna forma, limpia al paciente hasta que se presenta un síntoma concreto, a raíz del cual puede encontrarse el igual adecuado, y el paciente reacciona mucho mejor al medicamento adecuado. Por excelentes que puedan ser los resultados alcanzados por los alópatas, este nosoda debería tener un éxito aún mayor si fuera utilizado por un homeópata.

Me gustaría sugerirles que hicieran un experimento con los nosodas, aplicándolo en casos en los que haya fracasado otro tratamiento y en aquellos en los que no exista ningún indicio claro del remedio. Estoy convencido de que bastará que prueben el nosoda una sola vez para comprobar lo valioso que resulta.

No me he ocupado con más detalle del remedio autógeno porque sé que estarán más abiertos a aceptar como nosoda el remedio polivalente. Cuando se administran vacunas por vía subcutánea es casi imprescindible utilizar una sustancia autógena para obtener buenos resultados. En este caso el 95% de los pacientes reaccionan mucho mejor a su propia vacuna, y sólo aproximadamente el 5% reacciona de forma más clara a la sustancia polivalente. Pero en el caso de esta dilución, aún es demasiado pronto para realizar una afirmación semejante, y por eso en muchos casos tengo la tendencia a valorar más el éxito de la sustancia que el de la autógena, ya que si mayoritariamente el éxito de ambas es igual de bueno, probablemente siempre existirán determinados pacientes que sólo reaccionarán a un nosoda que se haya obtenido de su propio organismo.

El nosoda, el remedio obtenido de la sustancia original de la enfermedad, precedió a la bacteriología y a la vacuna. Pero la relación entre ambas es evidente. Como pionero de la utilización médica de la enfermedad para curar la enfermedad, les ofrezco un remedio que en mi opinión se revela eficaz en la más causal de todas las enfermedades, concretamente en la intoxicación intestinal que ya profetizó y bautizó el genial Hahnemann. Al pensar que puedo explicar con más claridad que él, la naturaleza de esta enfermedad, no le arrebato ni un ápice su gloria; más bien creo estar continuando su obra, rindiéndole el tributo que hubiera deseado.

EL REDESCUBRIMIENTO DE LA PSORA.

(British Homeophatic Journal, enero 1929)

El objeto de la presente conferencia es continuar la discusión que ha iniciado entre ustedes el doctor Dishington en su última intervención sobre determinados nosodas elaborados para organismos anormales en el tracto intestinal. Durante los últimos 8 años se ha llamado repetidas veces su atención sobre dichos nosodas.

Quisiera explicar hoy aquí cómo se desarrollaron esos nosodas, así como el proceso mental con ellos asociado, la argumentación y la praxis, que les ha llevado a ustedes a la postura que adoptan en la actualidad.

Antes de que pudiera conseguirse la efectividad real de estos nosodas, hubo que reconocer tres principios fundamentales:
1. el descubrimiento del grupo de bacilos subyacente;
2. la importancia de las leyes de Hahnemann en relación a la repetida prescripción de las dosis, y
3. el hecho de que los nosodas serían eficaces en estado potenciado.

Hacia 1912 se reconoció que en el tracto intestinal, tanto de hombres sanos como de hombres enfermos, existe un grupo de bacterias al que hasta entonces no se había atribuido importancia. Pero se constató que estaba relacionado con las enfermedades crónicas. Estos organismos son diversas especies de bacterias que no fermentan en lactosa, pertenecientes al gran grupo *coli* del tifus, estrechamente emparentados con organismos como los agentes del tifus, la disentería y el paratifus, que, sin embargo, no desencadenan ninguna enfermedad aguda y no están de hecho relacionados con una sintomatología específica. Dado que no existía tal relación, en el pasado fueron considerados insignificantes, siendo despreciados por médicos y bacteriólogos. Debido a la frecuencia con que se encontraron estas bacterias en un elevado porcentaje de casos en los que no se pudo aislar ningún otro organismo anormal o patógeno, se decidió en aquel entonces ensayar estas bacterias como vacunas, para comprobar si podían ser de utilidad en casos de enfermedades crónicas. Se comprobó que, aun que no eran patógenos en el sentido estricto del término, podían ser muy beneficiosas si se utilizaban en forma de vacuna como remedio terapéutico. Se constató que en el caso de una enfermedad crónica, con estas vacunas podía provocarse un ligero empeoramiento de todos los síntomas, al que, en condiciones favorables, seguía una mejoría concreta. Entre los pacientes que fueron tratados con este método pudo registrarse una buena tasa de éxitos, pero por entonces el porcentaje de casos era todavía comparativamente reducido, lo que hay que achacarlo al hecho de que las inyecciones se administraban con demasiada frecuencia y a intervalos regulares, como puede ser una vez a la semana o cada diez días, lo que conllevaba una grave hiper-dosificación e interrumpía la instauración de una reacción positiva. En la actualidad, algunos bacteriólogos y un número considerable de médicos pueden atestiguar que existe una relación entre esos organismos y las enfermedades crónicas, así como entre dichos organismos y las intoxicaciones intestinales, con toda su secuela de efectos morbosos. Cientos de médicos han demostrado este hecho con resultados clínicos, logrados mediante la utilización de preparados fabricados a partir de estos organismos. La prueba de su efectividad se ha hecho tan abrumadora que ya no queda duda al respecto. Los ensayos de laboratorio también acumularon pruebas que reforzarían la hipótesis de que existe una relación entre estos grupos de organismos y la enfermedad. Si se toman diariamente muestras de heces de un paciente durante un período de tiempo largo, se constata que estos organismos anormales, que son el tema de esta conferencia, no siempre se hallan presentes, sino que hay fases negativas en las que no aparecen en absoluto, mientras que hay otras fases positivas en las que se presentan en cantidades variables. Además, durante las fases positivas se presentan en cantidades variables. Cuando se examinan las muestras correspondientes a una fase negativa, los organismos surgen en número reducido al cabo de cierto tiempo, y su número aumenta a diario hasta que se alcanza un máximo en el que su porcentaje comienza a decrecer, hasta volver a desaparecer por completo. El número máximo y la duración de las fases positivas y negativas también pueden variar considerablemente de un sujeto de ensayo a otro, pero lo interesante del caso es que la enfermedad del sujeto está directamente correlacionada con las fases, con independencia de que se halle enfermo o que su estado de salud sea normal. Donde aparecen con mayor frecuencia es en las enfermedades crónicas, en las que los síntomas son peores hacia el final del período negativo y mejoran cuando se producen los organismos anormales. En general, puede decirse que cuanto mayor es su producción, más positivo es su efecto sobre el paciente. En épocas en las que la persona evidentemente sana no está en sus horas más altas, este hecho se manifiesta por regla general en la misma fase del ciclo. En Glasgow, Boyd y Paterson aportaron pruebas de otras relaciones existentes entre estas fases y el estado de salud del paciente.

Habitualmente, una vacuna provoca una producción más intensa y duradera en beneficio del paciente. Si se efectúan registros diarios de los resultados, puede reconocerse en ellos el estado de salud del paciente y el decurso del proceso de curación. A menudo, estos registros resultan una valiosa pista para determinar el momento exacto en que hay que volver a administrar la vacuna. Considerándolo desde el punto de vista médico y experimental, no existe la menor duda de que este grupo de organismos tienen una relación concreta con la enfermedad crónica.

El siguiente paso, el descubrimiento de que las dosis no tenían que administrarse a intervalos regulares, sino en función de la reacción del paciente, fue tomando cuerpo de la siguiente forma: en ensayos de laboratorio en que la neumonía se trataba con suero, se constató que se obtenían mejores resultados cuando las dosis se administraban en función de la reacción del paciente a las inyecciones, y que cuando el pulso y la temperatura descendían después de una dosis, los resultados eran mucho más satisfactorios si no se administraba ninguna inyección más mientras duraba la mejoría y si se repetía la inyección cuando el pulso y la temperatura volvían a subir. La curación se producía con mayor rapidez y con más éxito y se necesitaban menores dosis de la vacuna. Lógicamente, después de que se reconoció y demostró con toda claridad este hecho, el siguiente paso fue probar el mismo método con todos los tipos de crisis febriles agudas, constatándose los mismos resultados positivos. Cuando se demostró este hecho concreto, se sacó la conclusión de que esta ley, que presuntamente se aplicaba a todas las enfermedades agudas, podría ser válida también para las enfermedades crónicas. Se ensayó el método con enfermedades crónicas, y los resultados superaron con mucho todas las expectativas.

En las enfermedades crónicas, la dosis se administraba a intervalos mínimos de tres semanas, puesto que se descubrió que en algunos pacientes no se producía una mejoría antes de dicho momento. Cuando al cabo de tres semanas se producía una mejoría, no se administraba una nueva dosis hasta que se dejaba de registrar una constante mejoría y el estado del paciente se estacionaba o existía la tendencia a una recaída. Con estas pruebas se constató que las fases de mejora variaban según los casos, entre 2 ó 3 semanas e intervalos mayores, que en los casos excepcionales podían llegar a 12 meses, y que se conseguían resultados visiblemente mejores cuando durante esa fase se interrumpía la administración de la dosis, aun cuando la dosis que habría que haberse tomado era mucho más reducida. El éxito de este método sigue perdurando hoy día.

En este estadio, hemos llegado, por lo tanto, a dos conclusiones: en primer lugar, que este grupo determinado de bacterias intestinales no patógenas y que no fermentan en lactosa está relacionado, sin ningún género de dudas, con las enfermedades crónicas, y en segundo término, que las vacunas obtenidas de estas bacterias eran remedios muy valiosos cuando se administraban siguiendo las leyes de Hahnemann y observando las reacciones del paciente, en lugar de hacerlo a intervalos regulares como se había hecho hasta entonces.

En este estado de cosas, cuando un bacteriólogo llegaba a una clínica se le introducía en la ciencia de la homeopatía. Después de leer por primera vez el Organon de Hahnemann, uno caía de repente en la cuenta de que la moderna doctrina de la vacunación no era sino el redescubrimiento de otro método con los mismos hechos que Hahnemann ya había descubierto un siglo antes. En combinación con algunos principios homeopáticos, podían aplicarse de inmediato a diversos grupos de bacterias y preparados obtenidos de ellas, potenciándolas de igual forma a como se hace en los remedios homeopáticos No tardó en demostrarse que los nosodas fabricados de esta manera tenían un gran valor terapéutico, y las investigaciones que siguieron en los ocho últimos años, en las que se trataron a muchos cientos de pacientes, han confirmado con creces las viejas esperanzas.

Hoy en día, estos nosodas se utilizan no sólo en Inglaterra, sino aún más en Alemania y en los Estados Unidos de América, y en menor medida también en Francia, Holanda y Suiza.

Considerado desde el punto de vista homeopático, la primera cuestión importante de la que hay que ocuparse es determinar si estos preparados concuerdan con la leyes de Hahnemann y si el método de vacunación es una ampliación de su obra Muchos de nosotros pensamos que es así, ya que en más de una ocasión el fundador de la Homeopatía utilizó el producto patógeno de la enfermedad como base para su remedio, y no cabe la menor duda de que habría utilizado esos preparados si hubiera estado en condiciones de aislar estos organismos. Además, sigue sin estar claro si esos organismos son la causa o la consecuencia de la enfermedad, o si representan el intento de curarla. Por el momento, sólo podemos decir que existe una relación; pero, hasta la fecha, estos organismos no se han dejado determinar con exactitud. No es absolutamente improbable que estas bacterias sean una variedad del bacilo *coli*, y este último debe ser considerado como un habitante normal del intestino, habida cuenta de su universal presencia en nuestra moderna civilización, no sólo en el hombre, sino también en los animales, las aves, etc. Los experimentos indican que mientras en el cuerpo se producen grandes transformaciones fundamentales, la flora intestinal puede cambiar, como si tratase de mantener la armonía, puesto que no es improbable que este grupo de bacterias sea el bacilo *coli* común que haya cambiado para estar a la altura de determinadas necesidades, viéndose forzado a cambiar por la modificación del estado de su huésped. Cuando las bacterias se encuentran en este estado, son sin lugar a dudas, un medio terapéutico muy valioso si se las potencia. La ciencia descubre que la vida se encuentra en un estado de armonía, y que la enfermedad representa una desarmonía, o un estado en el que una parte del todo no oscila en concordancia con el resto.

A la hora de diferenciar estos organismos es interesante mencionar que se utiliza la lactosa. La lactosa se diferencia del resto de azúcares por se un producto animal. El resto de los azúcares son vegetales. Las últimas investigaciones demuestran que un fermento que deba actuar sobre una sustancia tiene que estar en condiciones de poder oscilar en concordancia al peso atómico de la sustancia que debe fermentar. Consecuentemente, esto significa que los organismos que pueden fermentar la lactosa pueden oscilar en armonía con sustancias animales, mientras que las que no están en condiciones de hacerlo no pueden ser más que vegetales. Si con el tiempo, esta teoría demuestra su solidez, nos adentrará en la comprensión de cosas fundamentales. Todo ello significa que disponemos de un método con el que podemos distinguir los organismos que actúan positivamente sobre el hombre de aquellos que le perjudican. En el momento en que son perjudiciales, podemos potenciar los productos y utilizarlos como remedio terapéutico para curar la enfermedad. Naturalmente, en todos los demás puntos los nosodas son idénticos a los remedios homeopáticos, y su fabricación coincide exactamente con las leyes de la homeopatía.

Nadie que haya investigado la intoxicación intestinal podrá obviar que entre ella y la enfermedad fundamental, que Hahnemann describiera como *psora*, existe una similitud. No quisiera adentrarme en detalles, pues sé que más tarde el doctor Gordon de Edimburgo les explicará con más detenimiento esta similitud cuando les haga partícipes de la prueba inequívoca de la naturaleza de la intoxicación intestinal, que Hahnemann clasificó con el nombre de *psora*.

A este tenor, existe un punto interesante que me gustaría mencionar: a saber, el hecho de que Hahnemann acentuara expresamente que es imposible que una persona tenga simultáneamente más de una enfermedad. Llegamos aquí al ocuparnos de la flora de la flora intestinal. Es sorprendente que en una persona sólo se encuentra más de un organismo anormal en casos rarísimos, otra confirmación más de la teoría de que varios estados son idénticos.

A pesar del hecho de que en un momento deterrminado sólo existe un organismo, éste puede cambiar con la ayuda de la vacuna o de un nosodo o prescribiendo otro remedio, lo que indica que el organismo depende del estado de salud del paciente. Además, el estado del organismo varía con el ambiente en que debe vivir. Expresado en términos generales en las personas que no han sido tratadas con métodos homeopáticos, el organismo permanece más tiempo constante.

El siguiente punto que hay que recalcar es el grado en que la alopatía asume instantáneamente métodos homeopáticos. Pero eso es algo que no tiene una especial relación con el método del que he hablado esta noche al referirme a los nosodos, de los que la mayoría están más o menos bien informados de los principios de repetición correctos para que no puedan provocar ningún perjuicio. Existe otra escuela que se ha ocupado independientemente de la administración oral de las vacunas, y que en la actualidad utiliza con profusión estados menos potenciados de estas vacunas, administrándolas oralmente. Por lo que respecta a los representantes de estas escuelas, que pueden encontrarse por todo el mundo, no han utilizado ninguna dilución más alta que la que corresponde a la cuarta potencia. En los últimos años, Besredka y otros han prestado una enorme contribución para demostrar la eficacia de la administración oral de las vacunas, tanto en la profilaxis como en la curación de la enfermedad. Un gran número de experimentos ha demostrado que los animales pueden ser inmunizados contra organismos vivos a los que son muy sensibles, administrándoles oralmente algunas dosis de las mismas bacterias muertas de la vacuna. Además, pruebas realizadas con la tropa han obtenido resultados muy positivos por cuanto respecta al poder de los mismos preparados para la protección contra el tifus y la disentería y otros tipos de infecciones corrientes, de manera que, por el momento, la vacuna oral se convierte en un factor estable de profilaxis y tratamiento, involucrando a la industria farmacéutica de este país y de todo el continente para la fabricación de estos preparados en gran escala. Las sustancias no se hallan potenciadas en el sentido estricto del término, pero gracias al diminuto tamaño de las bacterias, la cantidad total que contiene la vacuna es muy reducida, correspondiendo probablemente a la segunda o tercera potencia del remedio homeopático. De ahí que sea algo muy cercano a las potencias utilizada pro la homeopatía. Este método, que se extiende con rapidez y gana cada día más adeptos, proviene íntegramente de la escuela alopática y no está relacionado con la homeopatía. Se ha desarrollado de forma bastante independiente a partir de los laboratorios científicos de la vieja escuela. También aquí se ha redescubierto sin saberlo la obra de Hahnemann, fabricándose infinidad de remedios, si bien sólo en potencias reducidas. La vieja escuela está emprendiendo el intento de formular una *materia médica* integral basándose en los diferentes tipos de organismos, de los que a su vez hay multitudes de variedades diferentes.

Para ilustrárselo a ustedes con un ejemplo, me gustaría citar una de nuestras empresas farmacéuticas líderes, en una reseña aparecida en nuestro boletín trimestral.

"El terapeuta vacunador afirma que la administración de vacunas por inyección subcutánea ha demostrado ser excepcionalmente afectiva en un gran número de casos. Pero habrá que admitir que hay muchos casos en los que existen contraindicaciones a la terapia de vacunación. Entre ellos se cuentan casos agudos de fiebre y pacientes nerviosos que reaccionan con hipersensibilidad."

"No todo el mundo sabe que en infecciones por estafilococos y estreptococos las vacunas administradas por vía oral, que pueden tragarse igual que un medicamento normal, son igual de eficaces, o incluso más, que las vacunas inyectadas. Muchas visitas al médico para ponerse la inyección de una vacuna son innecesarias, puesto que el paciente puede tomar sin problema alguno la vacuna en su propia casa por vía oral, cuando así lo prescribe el médico. En el tratamiento de úlceras y carbuncos se han obtenido resultados abrumadores."

Otro aspecto que todo homeópata debe reconocer (Hahnemann era muy consciente de ello) es la imperfección de la *materia médica*, y el hecho de que no puede cubrir todas las enfermedades existentes. Además, Hahnemann reconoció que, debido a cambiantes circunstancias de la civilización, podrían surgir nuevas enfermedades que exigirían buscar nuevos reme dios. A este respecto este hombre genial también se dio cuenta de que el ser humano puede encontrar en la naturaleza infinidad de remedios para contrarrestar cualquier posible enfermedad que surja. Las siguientes citas del *Organon* de Hahnemann demuestran que reconoció la necesidad de encontrar muchos más remedios de los ya existentes, además de darse cuenta del trabajo que debían realizar sus sucesores para seguir desarrollando sus originales descubrimientos para no perder el compás de la enfermedad, con sus formas de aparición continuamente cambiantes.

"Como el número de remedios cuyo efecto positivo se ha ensayado con toda exactitud sigue siendo reducido, puede suceder que en la relación de síntomas del medicamento adecuado sólo pueda encontrarse una parte pequeña de los síntomas de una enfermedad. Por consiguiente, a falta de un remedio completo, deberá seguirse utilizando uno incompleto" (párrafo 133).

"Si el remedio que se ha elegido en primer lugar se corresponde exactamente con la enfermedad, debe curarla. Pero si el remedio elegido no es exactamente homeopático debido a la insuficiencia de remedios totalmente comprobados, hecho éste que limitará nuestra elección, aflorarán nuevos síntomas que a su vez nos indicarán el camino hacia el siguiente remedio que probablemente demostrará ser eficaz" (párrafo 184).

"Sólo cuando dispongamos de una cantidad considerable de remedios de los que conozcamos con exactitud su efecto positivo, podremos encontrar una solución para cada una de las infinitas enfermedades naturales que existen."

"¡Cual no será la repercusión sobre el reino poco menos que ilimitado de la enfermedad cuando miles de observadores precisos e infatigables hayan trabajado en el descubrimiento de este primer elemento de una *materia médica* racional en lugar de uno solo como ha sucedido hasta ahora! ¡Entonces el arte de la medicina dejará de sufrir la burla de ser considerado un arte de conjeturas carentes de todo fundamento!"(párrafo 122).

El reconocimiento de Hahnemann de la multiplicidad de formas de manifestación de la enfermedad se ilustra claramente en la siguiente declaración:

"Toda epidemia o enfermedad colectiva de aparición esporádica debe ser considerada y tratada como una perturbación definida e individual que nunca antes había aparecido en esa forma, en esas personas y en esas circunstancias, y que no podrá volver a aparecer sobre la tierra exactamente con las mismas características" (párrafo 60).

"Toda enfermedad epidémica de nuestro mundo es diferente a las demás, a excepción de las escasas epidemias causadas por una sustancia infecciosa concreta e invariable. Además, todo caso de enfermedad epidémica o esporádica es diferente a las demás a excepción de aquellos que se inscriben dentro de una enfermedad colectiva que ya he mencionado en otro momento. Por lo tanto, el médico juicioso juzgará cada caso de enfermedad que venga a su consulta conforme a sus peculiaridades características individuales. Una vez que haya examinado a fondo los rasgos individuales del carácter de su paciente y haya establecido todos los indicios y síntomas (que sí existen, pues se han detectado) y con un medio individual adecuado" (párrafo 48)

el último punto que me gustaría subrayar es el hecho de que Hahnemann también previó una inagotable cantidad de remedios, y que bastaría emprender los esfuerzos necesarios para encontrarlos. Citémosle una vez más:

"Por otra parte, las fuerzas que ¿provocan? la enfermedad, y que habitualmente se denominan *medicamentos* o *remedios* pueden utilizarse de forma mucho más provechosa para fines curativos, con mayor seguridad y con posibilidades de elección casi ilimitadas. Podemos influir en la virulencia y duración de la contra enfermedad que provocamos con el remedio (la contra enfermedad debe vencer a la enfermedad natural que estamos obligados a tratar), puesto que podemos determinar la dosificación del remedio. Dado que cada remedio se diferencia de todos los demás y que posee un amplio abanico de efectos, en la infinidad de medios están a nuestra disposición muchas enfermedades artificiales que, mediante una selección acertada, podemos enfrentar al desarrollo natural de las enfermedades y dolencias del hombre, pudiendo eliminar con rapidez y seguridad las alteraciones naturales del hombre con ayuda de enfermedades muy parecidas que provocamos artificialmente " (párrafo 37).

No existe duda alguna de que estos nosodas jugarán un gran papel en el futuro tratamiento de la enfermedad, y, sí son esencialmente homeopáticos, existen dos razones para que vengan al mundo por canales homeopáticos: primera, que cualquier ampliación de la obra de Hahnemann debería incorporarse a la homeopatía tal como fue fundada por él, por natural respeto hacia su genio excepcional; segunda y más importante, que esos nosodas sólo serán realmente efectivos cuando se combinen con otro tratamiento homeopático. No debe olvidarse que probablemente estos nosodas representen sólo una parte de la enfermedad que Hahnemann resumió con el nombre de *psora*, y que, por lo tanto, su efecto sólo está limitado a un determinada fase del tratamiento, por lo que no se puede esperar bajo ninguna circunstancia que cubran el espectro completo de la enfermedad. Por ello, el médico efectivo deberá tener a su disposición todos los demás remedios registrados en la farmacopea del momento o que ingresen a ella en el futuro, de forma que pueda tratar todo el espectro de enfermedades; aunque la alopatía está absolutamente dispuesta a aceptar los nosodas o vacunas orales de diferentes formas de bacterias (como se llaman en la alopatía), puesto que si limita la nueva farmacopea a este remedio no podrá sacar provecho de los siglos de experiencia que tiene la homeopatía con las diversas plantas medicinales y remedios naturales.

Estos nosodas pueden considerarse como importantes poderes limpiadores que mejoran el estado de un paciente y que, en determinados casos, procuran una curación completa; en otros, mejoran el estado general del paciente, que antes no mostraba reacciones, de forma que responda mucho mejor a otros remedios. También aquí tiene una importancia capital para el tratamiento sopesar minuciosamente la repetición de las dosis en función de la reacción del paciente, una ley con la que están familiarizados todos los homeópatas y a la que los alópatas les cuesta mucho acostumbrarse.

Cuando estos nosodas sean introducidos por los alópatas, sus expectativas de éxito serán muy escasas en comparación con las que tendrían con ayuda de los homeópatas, precisamente por los dos puntos mencionados: la falta de una *materia médica* completa y la ley comparativamente poco conocida de la correcta pauta de repetición en la administración del remedio.

Los resultados prácticos de estos medios han sido tan buenos que actualmente están siendo utilizados en Inglaterra por más alópatas que homeópatas. A algunos de ellos, los nosodas los han alejado completamente de las inyecciones normales y del viejo método de la inyección subcutánea. Puede reconocerse el peligro concreto de que se extienda demasiado en la práctica sin ser supervisada por alguna instancia de control, pues sólo debería ser utilizada por personas con una formación médica. La existencia de la homeopatía en este país depende en cierta medida de su facultad de curar casos en los que ha fracasado la alopatía. La alopatía, que está en posesión de estos medios y que los aplica correctamente, puede obtener éxitos curativos considerablemente mayores que antaño, y pueden estar seguros de que la alopatía afirmará que los nosodas son un descubrimiento exclusivo suyo cuando asuma este método y reconozca los intervalos correctos entre dos administraciones del remedio. En la figura del doctor Paterson de Glasgow tenemos hoy a nuestros propios patólogos que trabajan con estos nosodas, que los fabrica y que se dedica a hacer avanzar la investigación de este método, de manera que la investigación de los nosodas se amplia dentro de sus propias filas.

Para concluir, quisiera recordarles algunas líneas de una conferencia que pronuncié en abril de 1920, líneas que decían lo siguiente:

"Entretanto, hemos tenido que reconocer que la ciencia ha confirmado de forma completamente distinta los principio de la homeopatía. Hahnemann merece todos los honores por haberse adelantado a la ciencia en más de un siglo."

"En general, la postura actual de los médicos contempla la homeopatía. Pero sólo cuando nos demos cuenta y reconozcamos de una vez por todas qué es lo que sucederá en breve con total seguridad, el hecho de que la moderna investigación desarrollada por los alópatas demostrará con rapidez las leyes de Hahnemann y que nos orientará en ese sentido, reconociéndose la homeopatía como la ciencia maravillosa que es."

"Siéntanse orgullosos todos los miembros de su Sociedad de encontrarse entre los pioneros. No se desvían ni un milímetro de las leyes fundamentales de su gran predecesor. Porque la ciencia demuestra su doctrina hasta el mínimo detalle: el medio similar, la dosis única y el peligro de la administración repetida y precipitada del remedio."

"Surgirá una lucha entre la antigua y la moderna homeopatía. Deberíamos velar para que la vieja homeopatía se viera correspondida con el respeto que merece, para que se mantenga a un alto nivel, y, fieles a sus enseñanzas, no permitir que sea arrollada por la marea de la ciencia que va pisándole los talones a Hahnemann."

Desearía que, en lugar de siete grupos de bacterias, pudiéramos presentarles siete plantas medicinales, porque en muchos parece seguir persistiendo un cierto recato a utilizar en el tratamiento de la enfermedad un medio que está relacionado con la misma. Tal vez sea ésa una postura un tanto estrecha de miras; en este siglo tendemos fuertemente a querer mantener absolutamente pura la medicina, y, por tanto, hemos caído un poco en el extremo contrario, tal vez como reacción a las prácticas medievales y la moderna vivisección. Además, podría ser que los organismos que utilizamos sean provechosos para la humanidad en vez de perjudiciales.

Estamos realizando todos los esfuerzos imaginables para sustituir los nosodas bacterianos por plantas, y, en efecto, hemos encontrado algunas plantas que se corresponden casi con exactitud. La especie *ornitogalum*, por ejemplo, tiene oscilaciones casi idénticas a las del grupo de Morgan, y hemos descubierto un alga que posee casi todas las propiedades del bacilo de la disentería, pero sigue faltando algo que nos impide separarnos de los nosodas bacterianos. Este punto decisivo es la polaridad. Los remedios de la naturaleza poseen una polaridad positiva cuando se los potencia, por el contrario, los que están ligados a la enfermedad tienen polaridad contrapuesta, y parece al mismo tiempo que es esa polaridad contrapuesta la que es importante para los éxitos que se obtienen con los nosodas bacterianos. Tal vez en el futuro se descubra alguna otra forma de potenciación que haga posible invertir la polaridad de los elementos y plantas naturales simples, pero por el momento no tenemos alternativa.

El efecto positivo de estos nosodas se reconoce hoy día a nivel internacional, y los éxitos diarios que se cosechan en la lucha contra la enfermedad son abrumadores, de manera que no hay visos de que la utilidad de estos nosodas deba escatimarse a la humanidad hasta que hayamos encontrado otro método de vencer a la *psora* de Hahnemann con otro medioque esté a la altura de la mentalidad estética de los más exigentes. Es infinitamente más importante el hecho de que este método debería reconocerse como una continuación de la obra de Hahnemann, y aunque no esté completa, deberíamos pensar que nos allana el camino a futuros descubrimientos. La escuela homeopática debería observar y apoyar el ulterior desarrollo de este método, que no debería caer en manos equivocadas, en personas que no comprendan los principios fundamentales en que se basa.

ALGUNAS CONSIDERACIONES BÁSICAS SOBRE LA ENFERMEDAD Y LA CURACIÓN.

(Homoeopathic World, 1930)

Para entender la enfermedad, su objetivo, su esencia y su sanación, debemos comprender parcialmente el motivo de nuestro ser y las leyes de nuestro Creador en relación a nosotros.

Es de gran importancia reconocer que el ser humano tiene dos aspectos: uno espiritual y otro físico, siendo de estos el físico el que es infinitamente mucho menos importante.

Bajo la dirección de nuestro yo espiritual, de nuestra vida inmortal, el hombre ha nacido para acumular conocimientos y experiencias y perfeccionarse como un ser físico.

El cuerpo físico solo, sin conexión con la dimensión espiritual, es una envoltura vacía, un corcho sobre el agua. Pero cuando está unificado con la parte espiritual, entonces la vida es una alegría, una aventura que acapara totalmente todos nuestros intereses, un viaje que nos trae suerte, salud y conocimiento.

Nuestra evolución comienza como recién nacidos sin conocimiento, cuyos intereses están dirigidos hacia uno mismo. Nuestras necesidades se limitan a nuestro bienestar, alimentación y calor. Con el adulto aparece entonces el deseo de poder y, por ello, permanecemos durante un tiempo remitidos todavía a nosotros mismos, considerando nuestro propio beneficio y los objetivos terrenales.

Entonces viene el punto de inflexión: el nacimiento del deseo de ponerse al servicio de nuestros semejantes, comenzando a partir de ese momento la lucha, ya que en el transcurso de nuestra continuada evolución debemos transformar nuestro egoísmo en altruismo, la separación en unidad y reunir todo el conocimiento y experiencias que el mundo nos pueda enseñar, debiendo transformar todas las cualidades humanas en sus virtudes opuestas.

Sin embargo, aprendemos despacio, siempre únicamente una lección de una vez, pero debemos aprender esa lección especial que nuestro propio yo espiritual nos impone si queremos ser afortunados y estar sanos.

No todos nosotros aprendemos la misma lección al mismo tiempo. Uno supera su orgullo, el otro su miedo, algún otro su odio, etc., pero el factor esencial para la salud reside en que aprendamos la lección que está determinada para nosotros.

El estadio de nuestro avance no juega ningún papel importante. En relación con nuestra salud, carece de importancia el hecho de que nos encontremos al nivel de un recién nacido o de un joven. Pero tiene gran importancia el hecho de vivir en armonía con nuestra alma. Tanto si se trata de alcanzar el bienestar o de llevar la vida sacrificada de un mártir, la salud depende de si seguimos las órdenes de nuestro yo espiritual y de si vivimos en consonancia con ellas.

Nuestra alma nos coloca en las situaciones de la vida y nos da el trabajo –sea ya limpiador de zapatos o señor, príncipe o mendigo- que es más idóneo para nuestra evolución y donde mejor podemos aprender la necesaria lección. Da igual la posición que siempre hayamos tenido, la única necesidad reside en cumplir el trabajo particular que se nos ha asignado y todo se volverá bueno.

Enfermedad es la consecuencia de un conflicto cuando la personalidad se niega a obedecer los mandamientos del alma, cuando existe una desarmonía, enfermedad, entre el elevado y espiritual yo y la personalidad, más baja, que conocemos como nosotros mismos.

A ninguno de nosotros se nos va a encomendar algo que no podamos realizar, ni se nos va a exigir más de lo que tengamos en nuestro poder.

Entonces se decide la vida misma por el esfuerzo de transformar la baja calidad del yo en la elevada virtud de la unidad altruista, sin emplear medidas drásticas, sino a través de una lenta, progresiva y feliz evolución.

Durante nuestro viaje en la búsqueda de la perfección hay diferentes estadios. La transformación del egoísmo en altruismo, del descontento en satisfacción, de la división en unidad, no puede acontecer en un breve momento, sino a través de una evolución paulatina y constante, debiendo superar un escalón tras otro mientras avanzamos. Algunos escalones son facilísimos de superar, otros extraordinariamente difíciles, y, entonces, puede ser que aparezca la enfermedad, porque en ese tiempo no hemos conseguido seguir a nuestro espíritu, y aparece el conflicto que vuelve a provocar la enfermedad.

De manera similar a la fase de desarrollo en el que cometemos los errores, se realiza a nivel físico una determinada mentalidad que tiene sus correspondientes resultados tanto en el paciente como también en las personas que tienen relación con él. Es esa determinada disposición de ánimo que le descubre al médico el verdadero y fundamental origen del problema proporcionándole así una clave para un exitoso tratamiento.

Desde aquí se puede comprobar el esfuerzo que el paciente debe hacer cuando se extravíe, pudiéndose inferir de esta manera el tratamiento correcto para su bienestar.

Hahnemann nos enseñó que igual con igual se cura. Esto es correcto hasta un cierto punto, pero la palabra cura conduce un poco a error. Más correcto sería: igual expulsa a igual.

La enfermedad en sí: es igual que sana igual, o mejor: igual que rechaza a igual.

La causa de la enfermedad pretende provocar que acabemos con una errónea manera de proceder. Es el método más eficaz para poner nuestra personalidad en armonía con nuestra alma. Si no existiera el dolor, cómo podríamos saber entonces que la crueldad duele? Si nunca sufrimos una pérdida, ¿cómo podríamos jamás reconocer el padecimiento que se produce con el robo? A decir verdad, deberíamos aprender nuestras lecciones a nivel espiritual para, así, ahorrarnos el sufrimiento corporal, pero a muchos de nosotros les sería imposible. Y es por este motivo por lo que se nos ha otorgado la enfermedad, para acelerar nuestra evolución. Aun cuando al considerar superficialmente la enfermedad, ésta pueda parecer cruel, es en esencia beneficiosa. Es el método aplicado por nuestra propia alma fraternal para conducirnos al camino del entendimiento.

Además, debemos acordarnos de que el padecimiento (aunque deberíamos ser tan inteligentes como para evitarlo), es un privilegio que nos indica que la personalidad ha alcanzado un determinado estadio de desarrollo, donde es necesaria una corrección. Los pequeños bebés no son sancionados.

De ello se desprende rápidamente cómo se pueden evitar las enfermedades. Si pudiéramos escuchar únicamente la voz de nuestro yo espiritual, si sólo permaneciésemos en armonía con nuestra alma, entonces no sería necesaria una lección tan dura y podríamos vivir sin enfermedad

Por este motivo, la labor del médico reside en ayudar al paciente a alcanzar ese objetivo haciéndole llegar apoyo espiritual, intelectual y corporal.

El genio de Hahnemann reconoció la naturaleza y las causas de la enfermedad, empleó remedios semejantes que, al fortalecer la enfermedad de forma pasajera, aceleraban ese objetivo. Él utilizó venenos semejantes para apartar los venenos del cuerpo.

Pero ahora después de que hayamos reflexionado sobre dónde nos ha llevado su genio, queremos avanzar un paso más y descubriremos que existe un nuevo e incluso mejor camino.

Cuando un paciente comete una equivocación espiritual, ello desencadena un conflicto entre el yo espiritual y el físico, siendo el resultado final la enfermedad. El error puede ser subsanado, el veneno puede ser apartado del cuerpo, pero permanece un vacío, continúa existiendo una fuerza perjudicial, pero ahí donde esa fuerza estaba localizada permanece un espacio muerto.

El método perfecto no consiste tanto en apartar la influencia perjudicial, sino mucho más en hacer propia una virtud que se le opone, pudiendo subsanar los errores a través de esas virtudes. Esa es la ley de los opuestos, de lo positivo y lo negativo.

Tomemos el siguiente ejemplo: Un paciente tiene dolores porque en su ser existe la crueldad. Él puede suprimir esa condición proponiéndose continuamente: No Quiero Ser Cruel, pero eso supone una lucha larga y agotadora y, en caso de que logre eliminar la crueldad, permanecería una laguna, un espacio muerto. Si, por el contrario, el paciente se concentrase en la parte positiva, es decir, en desarrollar la compasión y en hacer suya esa virtud, la crueldad es sustituida sin esfuerzos adicionales y se convierte en algo imposible. - (para esa persona).

Por eso, la ciencia perfecta de la sanación enseña y ayuda al paciente a desarrollar esa virtud que le hará, de una vez por todas, inmune frente a cualidades perjudiciales. Esta forma de curar no se encuentra bajo la máxima: No debes, sino en: Están bendecidos.

También debemos tener en cuenta otro gran principio que tuvo su origen en el genio de Hahnemann, es decir, la enseñanza de la curación desde el interior.

Primero debe ser sanado el espíritu, luego le seguirá el cuerpo. Sanar el cuerpo y no el espíritu puede tener graves consecuencias para el paciente, ya que el cuerpo gana a costa del alma. Sería mejor perder un cuerpo que dejar pasar la lección.

Por este motivo, la labor del médico se compone de dos aspectos: ayudar a su paciente a corregir sus errores espirituales y prescribirle aquellos remedios que actuarán a nivel físico, de tal manera que el espíritu, ahora más sano, motivará una recuperación del cuerpo.

Para esto último, es de vital importancia que los remedios elegidos sean revitalizadores y constructivos, siendo portadores de vibraciones que poseen un efecto edificante.

En la elección de ese remedio, debemos tener en consideración el estado evolutivo del mismo en relación con la persona.

Los metales se encuentran en un nivel por debajo del hombre. El empleo de animales supondría crueldad y, en el arte divino de la curación, no se permite que aparezca huella alguna de crueldad. Es por este motivo por el que nos queda tan sólo el reino vegetal.

Existen tres tipos de plantas. El primer grupo se encuentra, en lo que a su evolución se refiere, en un nivel un poco más bajo que el del ser humano. Entre éstas se hallan los tipos primitivos, los cactos, las algas marinas, la cuscata, etc. A este grupo pertenecen también las que han sido empleadas para finalidades equivocadas, siendo algunas de ellas venenosas: el beleño, la belladona y las orquídeas son algunos ejemplos.

Una segunda categoría, que se encuentra en el mismo nivel que el ser humano y que son inofensivas, puede ser empleada como alimentos.

Pero existe aun un tercer grupo que se encuentra en un nivel evolutivo relativamente alto o más alto que el de la humanidad media. Es de entre estas plantas donde debemos escoger nuestros remedios ya que ellas poseen la fuerza de sanar y de traernos la bendición.

Además, estas plantas no necesitan de la crueldad, ya que, al residir en ellas el deseo de ser útiles a la naturaleza humana, están bendecidas mientras sirven a los hombres.

Debido a que el primer grupo de plantas disminuye las vibraciones corporales, hacen que el cuerpo no sea apropiado como residencia del yo espiritual pudiendo provocar, por este motivo, la muerte.

Pero el último grupo posee el poder de elevar nuestras vibraciones, proporcionándonos, por tanto, la fuerza espiritual que depura y sana al cuerpo y al espíritu.

Por lo tanto nuestro trabajo como médicos se puede representar a grandes rasgos de la siguiente manera: estudiar la naturaleza humana de forma que estemos en situación de ayudar a nuestros pacientes a adquirir un conocimiento sobre ellos mismos y aconsejarles sobre la manera de poder armonizar su personalidad con su alma, prescribiéndoles, además, los remedios beneficiosos que elevan las vibraciones de la personalidad. De esta manera se desarrolla la virtud necesaria para restablecer la armonía entre el yo más alto y el más bajo, que tiene como consecuencia la salud completa.

Ahora, queremos considerar el aspecto práctico en relación con el diagnóstico y el tratamiento. En primer lugar, **existen siete subdivisiones principales** en las que debemos clasificar a nuestros paciente.

De acuerdo con la lección especial que debe ser aprendida, una persona se puede equivocar en uno de los siguientes principios fundamentales: 1. Poder. 2. Conocimiento. 3. Amor. 4. Equilibrio. 5. Servicio. 6. Sabiduría. 7. Perfección espiritual.

Antes de continuar, hay que volver a llamar la atención sobre el hecho de que la existencia de enfermedad es un indicativo de que la personalidad se encuentra en conflicto con el alma.

Las cualidades y las virtudes son relativas. Lo que para uno es una virtud puede ser para otro un defecto. Aspirar a ser poderoso puede ser correcto para un alma joven sin tener por qué desencadenar un conflicto entre la personalidad y el yo espiritual. Pero lo que es correcto en ese caso no encajaría en un estadio más desarrollado de la juventud, resultando, por lo tanto, equivocado cuando el alma ha decidido para la personalidad **dar** en lugar de **tomar**.

Es por este motivo por el que una cualidad en sí misma no puede ser juzgada de correcta o de falsa sin tener en cuenta el nivel evolutivo del individuo. Lo que conocemos como malo es simplemente algo bueno que no se encuentra en el lugar correcto.

Pero la existencia de enfermedad nos indica que hay cualidades ancladas en la personalidad que el alma se esfuerza en apartar porque tales cualidades se encuentran por debajo del nivel evolutivo de esa persona.

Además, el paciente debe negarse encarecidamente a oír la voz de la conciencia, a reunir experiencias a nivel espiritual, por eso se da la necesidad de una lección aún más difícil, que es la que le imparte la enfermedad.

Podemos reconocer, a través de la mentalidad de nuestros pacientes, el error que ha hecho que la personalidad no logre mantener no logre mantener el ritmo del estándar evolutivo que el alma desea.

De las equivocaciones que se cometen en cada uno de los siete principios resultan los siguientes tipos:

1. **Poder:** tirano, autócrata, afán de notoriedad.
2. **Intelecto:** nigromante, destructor, sátiro.
3. **Amor:** inquisidor, odio, cólera.
4. **Equilibrio:** estático, veleta, histérico.
5. **Servicio:** vanidoso, egoísta, flirteador.
6. **Sabiduría:** agnóstico, loco, payaso.
7. **Perfección espiritual:** entusiasta, puritano, monje.

No juega ningún papel importante la enfermedad que padezca nuestro paciente. Mucho más importante es que comprendamos a cuál de los tipos arriba mencionados pertenece.

Sin embargo, no es de esperar que las características de la personalidad se manifiesten siempre tan claramente, ya que en muchos casos con los que nos encontramos es únicamente con un pequeño resquicio de las cualidades perjudiciales. No obstante, es esencial el poder comprender de manera exacta la equivocación básica para garantizar un tratamiento exitoso.

Además, la personalidad de muchos de los pacientes que nos consultan suele estar muy marcada por la influencia de algún familiar o amigo dominante, resultando en muchos casos más fácil el hacer un diagnóstico de la persona dominadora, ya que ésta pertenecerá al mismo grupo que el paciente. También aquí se aplica el principio del igual repele al igual, ya que aquí nos encontramos con aquellos que poseen nuestros mismos defectos, pero de una manera mucho más clara, de tal forma que podemos reconocer el padecimiento que esa actitud perjudicial desencadena.

Antes de considerar detalladamente los tipos anteriormente expuestos, y en cuanto que la investigación ha encontrado ya los remedios ligados a ellos, queremos mencionar los métodos de la dosificación.

Aquí, de nuevo, está vigente la ley de Hahnemann, esto es, que no es necesario repetir mientras se produzca una mejora en el paciente.

Los remedios descritos a continuación son, en su manera de actuar, beneficiosos y no provocan ni empeoramiento ni reacción, ya que su función es la de elevar. Éstos son preparados en su tercera, cuarta y séptima potencia.

Al comienzo del tratamiento se puede administrar una dosis de la tercera potencia dos o tres veces al día hasta que se produzca una mejora notable, después se interrumpe. En tanto se ha logrado un avance, no se vuelve a proporcionar el remedio. Pero tan pronto como el paciente manifieste un retroceso se le prescriben tres o cuatro dosis más. Cada vez debería ser necesario una dosis más pequeña. Únicamente se debe hacer uso de una potencia a la cuarta o a la séptima cuando la potencia más baja no arroja ningún efecto positivo.

Si tuvieran un amigo que hubiese sufrido una gran pérdida, en primer lugar le habrían visitado a menudo para animarlo y consolarlo pero en cuanto se hubiera recuperado de nuevo, reducirían seguramente el número de visitas.

De esta misma manera empleamos esa potencia. Éstas representan un amigo una bendición para el que padece, pero, tal y como Hahnemann previó, el enfermo tiene incluso que llevar el sólo el peso de la lucha y no debe hacerse dependiente de ciertos remedios beneficiosos. Cuando al enfermo le vaya mejor, es necesario continuar la lucha solo, en la medida de lo posible, sin pedir de nuevo ayuda hasta que ésta sea realmente necesaria.

Los Remedios Florales — *Edward Bach*

Naturalmente, cuanto más desee el paciente corregir los errores que se esconden detrás de su enfermedad, tanto más se ofrecerá la misma potencia.

Ahora llegamos a una descripción de algunos de los tipos ligados a enfermedades y de los remedios que se les administrarán para sanar dichos males.

Llegado este punto, quiero expresar mi agradecimiento al doctor F.J. Wheeler, de Southport, por su enorme ayuda en lo que se refiere a los resultados clínicos que él ha logrado con estos remedios, así como por su colaboración de todo corazón durante un largo periodo de tiempo y su generosidad financiera en grandes cantidades, que ha hecho posible el descubrimiento de muchos de estos remedios.

Los remedios y sus tipos

El nombre botánico completo de cada uno de los remedios responde de la siguiente manera:

1. Agrimonia — Agrimonia eupatoria
2. Ceratostigma — Ceratostigma willmottiana
3. Achicoria. — Cichorium intybus
4. Clemátide. — Clematis erecta flora
5. Cotiledón. — Cotyledon umbilicus
6. Centaura. — Erytrea Centaurium
7. Impaciencia. — Impatiens glandulifera
8. Mímulo. — Mimulus guttatus
9. Scleranthus. — Scleranthus annuus
10. Arvensis. — Sonchus arvensis
11. Verbena. — Verbena officinales

AGRIMONIA   El Inquisidor.

Este tipo no es siempre fácil de diagnosticar, ya que estas personas esconden sus dificultades. A menudo, tienen una apariencia desenvuelta, son geniales, totalmente interesados en la vida y, decididamente, son gente simpática. Con frecuencia, beben bastante, aunque no claramente en exceso. Puede suceder que sean drogodependientes, y que tengan el deseo de experiencias excitantes y de una vida totalmente ocupada. Es por este motivo por el que guardan su padecimiento para sí mismos.

Se detecta que tras esa superficie se esconde una tragedia, aunque ellos ni siquiera y muy raramente lo reconozcan delante de sus mejores amigos. Interiormente sufren sentimientos excitados: un miedo enorme ante el presente y especialmente frente al futuro que puede, incluso, inducirles al suicidio. No vacilan ante ningún peligro y son irreflexivos en todos los aspectos. No conocen la paz. Son activos, intranquilos, siempre están en movimiento, necesitan dormir poco y se calman sólo muy tardíamente.

Habitualmente, poseen un gran interés en el ocultismo y en la magia. En realidad, son almas atormentadas que están cansadas de su padecimiento, llegando a preferir la muerte como la mejor alternativa, aun cuando de cara al exterior luchen denodadamente y muestren cada día un ánimo contento.

Con frecuencia, se comprueba que resultan atormentados por alguna otra persona, aunque el responsable de su tormento se pueda encontrar en otro nivel.

Este remedio le proporciona paz, aparta su perturbación interna, apacigua su exigencia de estimulantes y le da tranquilidad.

CERATOSTIGMA
(El Loco)

Para aquellos que quieren avanzar pero que, sin embargo, están confundidos y son incapaces de distinguir lo bueno de lo malo. La falta de conocimiento les hace atolondrarse en la elección de amigos, en su trabajo, en el placer y en las influencias que deja que penetren en su vida. Se trata de aquellos cuyas intenciones son buenas, pero cuya inteligencia y sensatez se encuentran negativamente marcada.

Se concentran demasiado en los detalles de la vida, pasando por alto los principios fundamentales. Las convenciones y las pequeñeces cuentan más que los temas importantes. A menudo dejan pasar oportunidades a causa de influencias insignificantes. Son capaces de tirar la obra de su vida porque algún familiar o compañero les ha hablado negativamente de ella. Exageran demasiado las obligaciones que tienen frente a otras personas sometiéndose ellos mismos a una personalidad dominante cuando, en realidad, lo que deberían hacer es servir también a muchas otras personas.

Son débiles y se disculpan por sus tormentos de la misma forma en que una mujer defiende a su marido borracho que, además, le pega. Son internamente desafortunados porque inconscientemente, se dan cuenta de que están desperdiciando su tiempo. Están calladamente insatisfechos con sus propios esfuerzos. Con que solamente se les pudiera convencer para que comprendieran la realidad de su estupidez, podrían cambiar a mejor. Este tipo de personalidad es la víctima del egoísta y del destructor.

Este remedio aporta la sabiduría de comprender la verdad, la capacidad de enjuiciamiento para distinguir entre lo bueno y lo malo, y concede fuerza y capacidad para permanecer en el camino correcto una vez que se le haya reconocido.

ACHICORIA
(El Egoísta)

A estas personas les gusta utilizar a otras para sus propios objetivos. Son posesivos, exactamente la antítesis de la madre amorosa y sacrificada. Son locuaces y hablan rápidamente y sin interrupción, cansando a los otros con su charlatanería. Son malos oyentes, que siempre desvían la conversación a temas de su propio interés. A causa de trivialidades, ocasionan en los otros alarma y preocupación. Parecen no conceder a los demás ningún tipo de paz ni de tranquilidad. Son egocéntricos duros y sólo se ocupan de sus propios asuntos. Su vivacidad, que quizás al principio puede resultar entretenida y atrayente, cansa rápidamente a sus semejantes.

Aman el encontrarse en sociedad y odian estar solos. De hecho, temen la soledad porque son dependientes de los otros ya que a ellos les da su vitalidad. A través de historias llenas de auto compasión y de sus enfermedades, logran comprensión y atención. Meten mucho ruido por sus problemas y simulan enfermedades cuando creen que, de esta manera, obtienen atención por parte de los otros.

Cuando en asuntos importantes los otros no hacen lo que ellos quieren, se vuelven odiosos, vengativos, rencorosos y crueles. Son muy cabezotas y calculadores cuando se trata de alcanzar los propios objetivos.

Como familiar o amigo, son exigentes y, aun cuando no siempre se reconocen, absorben mucha vitalidad (de?) las otras personas.

A menudo son delgados y pálidos, tienen piel grasa y son sensibles al frío. Padecen dolores de cabeza crónicos, trastornos digestivos, estreñimiento, gripe, resfriados, así como nerviosismo. Las preocupaciones les alteran mucho, ocasionándoles con frecuencia falta de bienestar o dolores de estómago. Poseen un gran apetito.

El remedio suaviza los síntomas de estos pacientes despertando, además, su compasión por otras personas. Con ello, su atención se aparta más de ellos mismos, acabando, así, su agresión, originada por la compasión para con sus víctimas. De esta manera pueden servir a aquellos a los que anteriormente habían robado su energía. La lección consiste en convertirse en desinteresados a través de la entrega a los demás.

CENTAURA
(El Autócrata)

En su aspiración por el poder, estas personas han perdido su sentido para la medida exacta de su posición relativa y su significado en este mundo.

Su manera de hablar y sus movimientos son elevados. Exigen atención, son impacientes, especialmente con relación a los detalles de sus propios deseos y de su bienestar. Son arrogantes y están totalmente entregados a su propio rendimiento.

Habitualmente, son de elevada estatura y poseen un tono facial sonrosado. Son propensos a tener la tensión alta, con las molestias correspondientes que de ello se derivan.

El remedio les proporciona a esos caracteres suavidad y tolerancia, disminuyendo de esta manera la tensión tanto espiritual como corporal.

IMPACIENCIA   El Entusiasta.

Este remedio actúa en casos de dolores agudos, independientemente de la causa que los ha originado. Su indicación es la intensidad del dolor. En muchos casos proporciona alivio después de que la morfina haya fracasado.

También está indicado para padecimientos espirituales agudos. Igualmente, la intensidad es aquí decisiva.

Es útil para aquellos que (independientemente de la posición aparente que tengan), hacen gran desesfuerzos por superar cualquier cualidad negativa. De ahí la intensidad del padecimiento cuando temen fracasar.

Además, este remedio trae paz y actúa decisivamente, elevando el espíritu del que el paciente, de manera habitual, es muy consciente.

MÍMULO
(Odio)

Este tipo de personalidad padece agotamiento, extenuación y se cansa con facilidad. Estas personas tienen miedos enormes, temen lo desconocido, lo que a su vez, les pone nerviosos. Duermen mal, y el sueño no les aporta bienestar o recuperación.

Sienten rechazo por el ruido, el hablar y por el hecho de que se les haga preguntas sintiéndose totalmente agotados por ello. Desean estar solos y tener tranquilidad.

Con frecuencia, se interesan por el espiritismo y tienen disposición para actuar como médium.

Su agotamiento y ausencia de fuerza no tiene ninguna relación con un origen corporal.

A menudo nos encontramos este estado después de una gripe. El remedio restablece la tranquilidad apartando, además, el miedo del paciente. Despierta la compasión en este tipo de personalidad, lo que representa la lección necesaria.

SCLERANTHUS
(El Veleta)

La clave de este tipo de personalidad es la falta de estabilidad y la ausencia de confianza. No poseen ningún tipo de confianza en sí mismos, por eso siempre buscan el consejo del otro, y cuando existen diferencias de opiniones entre sus amigos, no saben por cuál inclinarse. Son incapaces de tomar decisiones, siendo víctimas, como consecuencia de ello, víctimas de un tormento espiritual.

Son nerviosos, no tienen tranquilidad, temen las responsabilidades y evitan a las personas, excepto cuando necesitan ayuda. Su error reside en que confían totalmente en el intelecto y no se dejan llevar nunca por la intuición. Les resulta difícil concentrarse intelectualmente, ya que su espíritu vaga de un tema a otro.

Éstos son ejemplos extremos: en primer lugar, depresión; después, alegría; en un momento son optimistas y, al instante siguiente, pesimistas. No son de confianza, y son inseguros porque cambian continuamente su postura. Un día resultan un buen compañero, otro día están malhumorados. A veces son afectuosos y extravagantes, otras tacaños y mezquinos.

Sus síntomas, su temperamento, etc., van y vienen, suben y bajan en rápidas oscilaciones siguiendo el ejemplo del estado espiritual.

El remedio les proporciona claridad de la visión espiritual y les otorga la capacidad de tomar de cisiones rápidas, así como de conservar la resolución y la tranquilidad en vista de las dificultades. Desarrolla las cualidades del carácter de un eficiente coronel, al igual que el Cotiledón resalta las cualidades de un buen soldado.

ARVENSIS
(El Destructor)

Estas personas se encuentran en la profundidad de la oscura desconsolación. Sin luz, sin alegría sin fortuna. Son externamente desafortunados, lo que se puede reconocer ya en sus rostros.

Llevan la oscuridad a los otros.

Poseen un color apagado en el rostro, con un tinte amarillento o pardo anaranjado.

Siempre ven el lado negativo de las cosas y se encuentran desanimados. Se niegan a tomar consciencia de las oportunidades, a tener satisfacciones. Siempre andan buscando el lado oscuro de la vida. Se revuelcan en todo lo que es mórbido, y contagian a todos su profunda desconsolación deprimiéndolos.

El remedio les trae el brillo del sol en su vida y les ayuda a animar a los otros.

VERBENA   El Puritano.

Este remedio está pensado para aquellos que poseen grandes ideales y que aspiran a llevar una vida elevada pero que, sin embargo, fracasan en algún punto.

Puede ser que el paciente sea demasiado rígido, esté demasiado fijo en sus principios y sea demasiado estrecho en su postura ante la vida, intentando modelar al mundo de manera excesivamente parecida a sus propios ideales.

Esta persona vive según los más altos principios y es intolerante frente a los errores de los demás. Es demasiado exigente consigo mismo y su renuncia demasiado exagerada, alejando ésta toda alegría de su vida. Fracasa en la generosidad, bondad y caballerosidad.

En tiempos difíciles puede ser que estas personas se aparten de sus patrones de medida.

Este remedio suaviza la naturaleza, amplia las perspectivas, fortalece la generosidad y la paciencia, y apoya la perseverancia en lo que se refiere a pruebas difíciles.

La lección de este tipo de personalidad es la siguiente: Tolerancia, paciencia y generosidad.

Hasta ahora han sido descritos determinados tipos de personalidad; sin embargo, existen otros remedios que son necesarios para poder completar esta enumeración y que sean encontrados y publicados en el momento oportuno.

En la medicina, debemos explorar los grandes principios de la vida, si es que queremos resultar útiles a nuestros semejantes.

En este mundo nos encontramos todos en el mismo camino. Somos compañeros de viaje en el camino hacia la perfección. Finalmente, debemos acumular todo el saber y las experiencias que pueden ser aprendidas sobre la Tierra. Debemos transformar totalmente nuestro egoísmo en altruismo y desarrollar toda las virtudes hasta la pureza externa.

La lección particular del presente es la clave para nuestro tipo de personalidad. No hemos vivido desde nuestro nacimiento entre el lujo de un palacio para superar intrépidamente las dificultades de la vida. Tampoco hemos venido al mundo como mendigos para aprender la inteligente administración del bienestar. Las circunstancias, el ambiente y las personas entre las que vivimos deberían servirle al médico inteligente de indicativo para conocer la lucha que el paciente debe afrontar. Nuestros errores y fracasos son lo contrario de las virtudes a las que aspiramos. Para superar nuestras ansias, nos criaremos, si es posible, en una familia en la que el beber es algo habitual. Para vencer nuestro odio, nos criaremos, en lo posible, entre personas que son crueles. De hecho, a menudo son esas cualidades negativas que hemos heredado las que hemos de subsanar con particular interés. Y, si no conseguimos aprender nuestra lección a nivel intelectual, debemos padecer las consecuencias de nuestro fracaso hasta que ese error haya sido totalmente subsanado en nosotros mismos.

Es por esto por lo que nuestros defectos y nuestros negativos acompañantes y circunstancias de la vida representan lo opuesto a las virtudes que intentamos hacer nuestras.

En el tratamiento, es de importancia vital diagnosticar el tipo de personalidad y las virtudes que el paciente se esfuerza por perfeccionar. Hasta el momento en el que nos encontremos en situación de poder impartir curación espiritual, debemos prescribir el remedio que posea la fuerza de apoyar al paciente en su lucha.

Por eso, juzgamos los errores y los pecados de las circunstancias negativas de un paciente como indicativo de lo mucho que él se esfuerza por desarrollar. Por el contrario, debemos buscar encarecidamente los bienes positivos. Debemos encontrar alguna virtud, especialmente una virtud sobresaliente que posea nuestro paciente, cuando él saca de sí mismo lo mejor y le prescribiremos el remedio que fortalezca esa virtud, de tal manera que ésta aparte los errores de este ser.

Nuestro trabajo como médicos reside en buscar lo mejor a través de métodos directos o investigando los errores que deben ser superados. Y debemos desarrollar y mostrar lo mejor con todas las fuerzas que estén a nuestro alcance. Nuestros esfuerzos deberían consistir en ayudar a nuestros pacientes a mantenerse en su más alto nivel con los medios que están a nuestra disposición, capacitándolos de esta manera para que avancen hacia delante.

Y, ahora, mis queridos colegas, existe un método sencillo y aún más perfecto para potenciar los remedios del que hasta ahora hemos empleado.

No se dejen desilusionar por la sencillez de este método, ya que, a medida que su investigación avance, podrán comprobar cada vez mejor la sencillez de toda la creación.

Estos remedios (con excepción de impaciencia, mímulo y cotiledón, que antes eran elaboradas a través de su reducción a polvo), que son descritos en este artículo, eran preparados de la siguiente manera.

Un recipiente de vidrio tan fino como fuera posible se llenaba hasta casi el borde con agua pura preferentemente agua de una fuente. - (natural, manantial?) A continuación se introducía en el recipiente una gran cantidad de las flores de la planta en cuestión hasta que la superficie del agua estaba totalmente cubierta. Se debía elegir un día despejado para recolectar las flores, después de que el sol les hubiera estado dando aproximadamente durante dos horas. El recipiente de vidrio se colocaba pues, al sol y, de tiempo en tiempo, se iba cambiando de posición, de manera que el sol incidiera directamente sobre la boca del recipiente, estando así todo el contenido bañado por el sol.

Después de tres, cuatro y siete horas se extraía aproximadamente un cuarto del líquido y se le añadía a cada cantidad de líquido extraído aproximadamente un 20% de alcohol puro. Estos preparados pueden entonces usarse directamente como la tercera, cuarta y séptima potencia.

En este punto, se hace mención de que los cuatro elementos están partícipes en este proceso: la **Tierra**, para proporcionar el alimento a las plantas; el **Aire**, de donde toman sus principios alimenticios; el **Sol** o el **Fuego**, para darles la capacidad y la fuerza, y el **Agua**, para tomar las fuerzas benéficas y magnéticas de las plantas medicinales, siendo así concentradas.

Existen dos tipos de equivocación: el error del descuido y el error que cometemos activamente.

Si poseemos una virtud que no desarrollamos, se convierte en un pecado de omisión. Es el mismo caso de una persona que esconde sus talentos, y este error está íntimamente ligado con una enfermedad latente, con una enfermedad que se cierne sobre nosotros al igual que una nube pero que, sin embargo, nunca nos atrapará si reconocemos a tiempo nuestro error y desarrollamos la virtud necesaria.

Actuar erróneamente de manera activa está ligado a una manifestación de una enfermedad. Esto se produce si hacemos cosas en contra de nuestra conciencia sabiendo que están en contradicción con las leyes de la unidad y de la fraternidad de las personas.

Es por esto que la labor del verdadero médico es la de encontrarse en situación de ayudar a sus pacientes, mostrándoles las virtudes latentes que hay en ellos y que no desarrollan, o las cualidades negativas que se oponen a los mandamientos de su mejor yo y que sí realizan. Y también está en nosotros el prescribir aquellos remedios que, por naturaleza, son tan beneficiosos que poseen la fuerza de ayudar a los hombres a adquirir en esta vida un comportamiento armónico, de tal manera que es admisible para el ser divino del que se origina todo lo bueno.

Finalmente, debemos tener en cuenta durante nuestro trabajo que la enfermedad está pensada para que el hombre la venza, y que ésta pondrá a la humanidad bajo la dirección divina para superar todo lo negativo si aspiramos verdaderamente a ello, ya que el amor y la verdad de nuestro creador es todopoderosa y, finalmente, lo bueno obtendrá la victoria absoluta.

Si podemos realmente reconocer esa verdad en toda su suficiencia, podremos lograr, en este momento en la medida de lo posible, la victoria sobre la enfermedad.

ALGUNOS REMEDIOS NUEVOS Y SU EMPLEO.

(Homoeopathic World, febrero 1930)

Para aquellos de nosotros que nos hemos ocupado profundamente de la ciencia homeopática, no existe ya ninguna duda de sus maravillosos poderes curativos o de los excelentes resultados que un homeópata competente puede esperar en todos los casos. Además, todos debemos admirar la pulcritud de la doctrina homeopática y su sólido objetivo de utilizar sólo los remedios que se hallan presentes en la farmacia de la naturaleza. Y parece que la posesión de este precioso tesoro debiera alentarnos a realizar ulteriores esfuerzos, pues no hay duda de que con paciencia y perseverancia, puede encontrarse un alivio para cada enfermedad, por lo menos para los pacientes que desean curarse, e incluso podría ser posible encontrar remedios que contrarresten la necesidad de algunas personas de refugiarse en una enfermedad, algo contra lo que por el momento nos encontramos bastante desvalidos.

Tenemos aún muchos descubrimientos por hacer, pero no debemos tener ningún miedo a esta tarea. Tal vez tengamos que utilizar mucho tiempo en ello, pero todos nosotros debemos tratar de prestar nuestra contribución al desarrollo de este maravilloso sistema curativo, que en último término servirá para liberar al hombre de la enfermedad.

Todavía tenemos mucho que aprender en lo que respecta a la recogida de las plantas medicinales y la elaboración del remedio. Debemos ocuparnos de muchas cuestiones si queremos cosechar el mejor resultado y no nos conformamos con uno mediocre. Tenemos que ocuparnos con más profundidad de la situación natural, de la edad, del estado y de la parte de la planta que vamos a utilizar, de la influencia de los planetas, de la hora del día y, lo que es más importante, de la postura del médico, que debería estar caracterizada por la dedicación sincera a su trabajo en beneficio de la humanidad. Por desgracia, nuestros conocimientos actuales sobre algunas de estas cuestiones son bastante incompletos, pero debemos dar lo mejor de nosotros mismos, y a medida que aumente la experiencia, nuestra tarea se irá simplificando.

A continuación quisiera comunicarles la importancia de algunos remedios, pues creo que cubren ámbitos que normalmente resultan muy difíciles de tratar, y confío en que se compruebe que el valor que tienen es tan importante para la medicina como para quienes ya hayan experimentado el valor del remedio en la práctica. Estos remedios se han elaborado con todas las medidas de precaución necesarias, utilizando instrumentos y recipientes que habían sido calentados a 160°C durante cuatro horas. Los corchos también se calentaron a 160°C durante 20 minutos. En la elaboración de los remedios se llevó siempre puesta una bata de laboratorio limpia. La primera potencia se elaboró **in situ** en el punto de recogida de la planta. Cada potencia se trituró a mano con lactosa en un mortero de cristal, utilizando una mano de almirez de cristal. De esta forma se procedió hasta la séptima potencia.

Impatiens Roylei:

Esta planta medicinal es oriunda de Cachemira, y en Gran Bretaña se encuentra raramente como planta silvestre. Sólo se utilizan las flores de color malva.

Se elaboraron 3 diluciones diferentes: 2 en distintos días de septiembre de 1928 y otra en septiembre de 1929. Aun cuando todos los remedios resultaron eficaces, la más efectiva fue la dilución de sept. de 1929, de la que la firma Nelson&Co, todavía cuenta con existencias.

Este remedio está indicado en los dolores nerviosos agudos, y a menudo no sólo ayuda a aliviar rápidamente el dolor, sino que en muchos casos produce una curación palpable del padecimiento nervioso. Posee, asimismo, una influencia muy positiva sobre los pacientes, que suelen informar de que paralelamente a la remisión de los síntomas se produce una mejoría de su estado anímico, desapareciendo las depresiones y miedos y alcanzando una postura vital más optimista.

Entre las dolencias que se han tratado con éxito con este remedio figuran las cefaleas fuertes, la ciática, las neuralgias agudas, los espasmos musculares y los dolores agudos en casos de cáncer.

La indicación para este remedio es un dolor muy fuerte y martirizante, sin importar cuál sea su procedencia. En algunos casos este remedio ha producido un alivio del dolor después de que había fracasado la morfina.

Mimulus Luteus

Esta planta medicinal es oriunda de América del Norte, y ocasionalmente puede encontrarse en Gran Bretaña. Sólo se utilizan las flores.

Con este remedio, lo más importante es el efecto espiritual. Habitualmente, los síntomas físicos son la consecuencia del estrés anímico. Los trastornos incluyen depresión, angustias vagas y desconocidas, una fuerte necesidad de paz, la aversión a hablar y ser preguntado, la pérdida de la capacidad de defender la propia individualidad personal (el paciente hace cualquier cosa por evitar conflictos). Los casos más graves van ligados frecuentemente a gran debilidad, cansancio, pérdida del apetito, con frecuentes empeoramientos del estado general a últimas horas del día.

Entre los trastornos que se han tratado con este remedio y con los que se han obtenido los mejores resultados se cuentan la debilidad tras infecciones gripales y las dolencias de pacientes que se hallaban hundidos por el estrés de problemas particulares, surgidos por amistades o por relaciones desagradables.

Este remedio ayuda de manera especial a pacientes cuya energía se ha debilitado enormemente por otras personalidades demasiado poderosas, y les devuelve su confianza y su capacidad de enfrentarse a las dificultades de la vida cotidiana, produciendo al mismo tiempo una notable mejoría de su estado de salud general.

Clematis Vitalba

Esta planta es oriunda de Gran Bretaña. De este remedio se elaboraron 3 diluciones: la primera, segunda y tercera, que se utilizaron en función de la gravedad de la enfermedad, dándose la primera potencia para la forma más débil.

Éste es otro remedio en el que la característica más importante es el efecto espiritual. Los pacientes tienen poca alegría de vivir, empezando desde el estado en que no encuentran alegría por la vida y terminando por el anhelo de la muerte. A diferencia de los pacientes que corresponden al tipo del mímulo, no padecen miedos, sino que son tranquilos y tienden más a soñar despiertos, les gusta que les dejen en paz y no experimentan ninguna necesidad de hacer nada más de lo necesario. Se trata de personas que viven más en el futuro que en el presente. A menudo necesitan dormir mucho por las noches y son difíciles de despertar. Son de constitución general vaga, y el color de la cara es casi siempre pálido y macilento. Se someten con facilidad a una enfermedad, algo que no les intranquiliza lo más mínimo. No son tan sensibles al ruido como los pacientes que pertenecen al tipo del mímulo.

Su estado de ánimo se corresponde con el de una persona que ha perdido todo a lo que tiene cariño y que no quiere seguir viviendo, cuya vida se ha convertido para él en una carga que soporta con paciencia hasta que, finalmente, se vea liberado de ella. De ahí que no experimente ningún miedo o que no se defienda contra la enfermedad. En realidad, muchos de estos pacientes desean morir de su enfermedad, en la esperanza de una vida mejor tras la muerte, o quizás volver a ver a una persona muerta a la que han amado, por lo que no realizarán ningún esfuerzo por sanar de nuevo.

El médico con buenas dotes de observación reconocerá este estado con todos sus grados de gravedad, empezando por el soñador hasta el desesperanzado, con el que este remedio se ha mostrado muy eficaz, existiendo la ilusión de que pueda ser útil incluso en algunos tipos de coma.

Cupressus

De esta planta medicinal se utilizan los estambres rojos de las puntas de las hojas.

Este remedio se revela especialmente eficaz con los catarros crónicos y sus secuelas, en especial cuando se trata de infecciones causadas por estafilococos o estreptococos. Está especialmente indicado en las siguientes dolencias: catarro de los senos nasales, de las trompas de Eustaquio y del oído medio y los senos frontales. Los catarros están ligados a dolores de cabeza. Los resfriados crónicos, en los que este remedio se utiliza como profilaxis, impide en algunos casos la irrupción de la enfermedad.

Entre los sorprendentes resultados de este remedio se cuentan curaciones de sordera aguda crónica debidas a inflamaciones del oído medio, en la que los pacientes habían sufrido dificultades de audición durante 20 años, así como dolores de cabeza localizados en la región frontal; un paciente había sufrido continuos dolores de cabeza desde hacía tres años. Los pacientes adultos que pertenecen al tipo del cupressus tienen a menudo una tez rosada y viva.

Cotyledon Umbilicus (Prima)

Esta planta es oriunda de Gran Bretaña, donde puede encontrarse predominantemente en el sur y sudeste. Este remedio ha demostrado su eficacia en los ataques epilépticos del tipo Petit, en los que han fracasado otros métodos de tratamiento.

También parece ser una ayuda en la supresión de los efectos secundarios tras la ingestión prolongada de tranquilizantes bromurados, aclarando el estado de ánimo y contribuyendo a que el paciente recupere un claro entendimiento.

Todos estos remedios se han obtenido desde la 3era hasta la 28va potencia centesimal. Un número considerable de pacientes han sido tratados con ellos, pero hasta ahora no ha sido necesario utilizar el remedio en una potencia superior a la séptima potencia centesimal. Cupressus no puede administrarse en potencia superior a la tercera; de lo contrario, este remedio conduciría a un fuerte empeoramiento. No obstante, si esto llegara a ocurrir, se pueden administrar fuertes dosis de menta, que actúa con mucha rapidez.

Cuando los médicos que administran estos remedios constaten que alivian síntomas importantes que no se han mencionado aquí, sería de gran utilidad para completar la experiencia con ellos que se dignaran informar al respecto.

SOIS VÍCTIMAS DE VOSOTROS MISMOS

(Conferencia en Southport, febrero de 1931).

Para mí no resulta fácil dar este discurso delante de vosotros. Sois una sociedad de médicos, y yo os hablo también como médico. Pero la medicina de la que hoy quiero hablar aquí está tan lejos del parecer ortodoxo de hoy en día, que hace que este discurso apenas tenga nada que ver con la práctica actual, con la clínica privada o con la planta de un hospital tal y como actualmente las conocemos.

Si ustedes, como seguidores de Hahnemann, no se hubieran adelantado mucho a la medicina ortodoxa de los últimos 200 años de aquellos que todavía predican las enseñanzas de Galeno, tendría un miedo rotundo a hablar sobre este tema.

Pero las enseñanzas de su gran maestro y de sus seguidores han arrojado tanta luz sobre la naturaleza de la enfermedad, allanando el camino hacia la curación correcta, de tal manera que estoy seguro de que ustedes están preparados para avanzar conmigo un tramo de ese camino y saber aún más de la magnificencia de la salud total y de la verdadera naturaleza de la enfermedad y curación.

La inspiración de Hahnemann hizo que la humanidad pudiera ver la luz en la oscuridad del materialismo cuando el hombre había llegado ya tan lejos que consideraba a la enfermedad como un problema puramente material que únicamente debía ser solucionado y curado con medios materiales.

Al igual que Paracelso, él sabía que la enfermedad no podría existir si nuestro espíritu y nuestra inteligencia estuvieran en armonía. Fue por esto por lo que se puso en busca de remedios que pudieran sanar nuestro espíritu, trayéndonos así paz y salud.

Hahnemann realizó un gran progreso y nos hizo avanzar un gran tramo de nuestro camino. Pero, para su trabajo, disponía únicamente del tiempo que puede dar de sí una vida y, por eso, ahora nos toca a nosotros retomar sus investigaciones en el punto en el que las dejó. Tenemos que continuar su trabajo sobre la curación absoluta, cuyos fundamentos ya había creado y cuya obra había comenzado de forma tan digna.

El homeópata ya ha dejado de lado una gran parte de los aspectos innecesarios y de poca importancia de la medicina ortodoxa, pero aún tiene que avanzar más. Sé que ustedes quieren mirar hacia delante, ya que ni el saber del pasado ni el del presente son suficientes para aquel que busca la verdad.

Paracelso y Hahnemann nos enseñan a no prestar excesiva atención a los detalles de la enfermedad, sino a tratar la personalidad, al hombre que lleva dentro, en el convencimiento de que la enfermedad desaparece cuando nuestro ser espiritual y mental se encuentran en armonía. Este grandioso fundamento es la enseñanza fundamental que debe ser continuada.

Lo siguiente que percibió Hahnemann fue cómo producir esa armonía, y pudo comprobar que la forma de actuar de las drogas y remedios de la antigua escuela, así como los elementos y plantas que él escogía, podía invertirse a través de una potenciación, de tal manera que la misma sustancia que ocasionaba envenenamientos y síntomas de enfermedad podía sanar esos males si era utilizada en una cantidad minúscula y preparada según un método especial.

De ahí formuló el principio: *Igual con igual se cura*. Además, esto es un principio fundamental de la vida que él nos ha cedido para que continuemos con la construcción del templo cuyos planes le habían sido revelados.

Si proseguimos la consecución de estos pensamientos, la primera y significativa conclusión a la que llegamos es la verdad sobre el hecho de que la enfermedad misma es eso que *igual con igual se cura*, ya que la enfermedad no es otra cosa que la consecuencia de una forma de actuar errónea. La enfermedad es el resultado natural de la desarmonía entre nuestro cuerpo y nuestra alma; es ese *,igual con igual se cura*, porque es la enfermedad misma la que detiene e impide que nuestro comportamiento erróneo llegue demasiado lejos. Al mismo tiempo, la enfermedad es una lección que nos enseña a corregir nuestro camino y a armonizar nuestra vida con la órdenes de nuestra alma.

La enfermedad es la consecuencia de una manera equivocada de pensar y de un comportamiento erróneo, y desaparecerá cuando esa forma de actuar y esos pensamientos sean puestos de nuevo en orden. Cuando está aprendida la lección del dolor, del padecimiento y del pesar, entonces la existencia de la enfermedad carece de sentido y desaparece automáticamente.

Eso es lo que Hahnemann quería decir con su frase *igual con igual se cura*.

Recorramos juntos todavía un trozo más del camino

Una nueva y maravillosa perspectiva se abre frente a nosotros, y vemos que la curación verdadera se puede alcanzar, pero no apartando lo equivocado a través de lo equivocado, sino sustituyendo lo equivocado por lo correcto. Lo bueno sustituye a lo malo la luz a la oscuridad.

Aquí se llega a comprender que ya no podemos seguir por más tiempo combatiendo la enfermedad con la enfermedad. Ya no podemos hacer frente a la enfermedad con los productos de la enfermedad. Ya no intentamos apartar las enfermedades con sustancias que las pueden ocasionar. Todo lo contrario, resaltamos la virtud opuesta que subsanará el error.

La farmacopea del futuro inminente deberían contemplar únicamente aquellos remedios que tienen el poder de sacar lo bueno, mientras que deberían ser eliminados todos aquellos remedios cuya única cualidad es la de oponerse a lo malo.

Es cierto que el odio puede ser vencido por un odio aún mayor, pero sólo podrá ser sanado por el amor. La crueldad puede ser evitada a través de una crueldad aún mayor, pero sólo podrá ser apartada si se desarrolla la compasión. En presencia de un miedo aún mayor, se puede perder y olvidar e propio miedo, pero la verdadera curación del miedo es el valor total.

Y por este motivo, todos nosotros, los que pertenecemos a esta escuela de medicina, debemos concentrar nuestra atención sobre esos remedios maravillosos que Dios ha puesto en la naturaleza para que los utilicemos en nuestra curación, y entre los cuales se encuentran las beneficiosas y sobresalientes plantas medicinales.

Claramente, en esencia es erróneo cuando se dice que *igual con igual se cura*. Aunque la idea de la verdad que tenía Hahnemann era correcta, sin embargo, la expresó de manera incompleta. Lo igual puede fortalecer a lo igual; lo igual puede apartar a lo igual, pero en el verdadero sentido de a curación, lo igual no puede sanar a lo igual.

Cuando se escuchan las enseñanzas de Krishna, Buda o de Cristo, encontramos que ellas encierran perennemente el principio de que lo bueno vence a lo malo. Cristo nos enseñó a hacer frente a lo malvado, a amar a nuestros enemigos y a perdonar a aquellos que nos persiguen. Ahí no aparece ninguna curación en el sentido de que lo igual sana a lo igual. Por eso, en la verdadera sanación, así como en el desarrollo espiritual, siempre debemos aspirar a alcanzar lo bueno para expulsar lo malo; a lograr el amor para vencer al odio; a crear la luz para acabar con la oscuridad. Es por este motivo por el que debemos evitar cualquier sustancia nociva, cualquier producto perjudicial, y usar, por el contrario, todo aquello que haga bien y sea beneficioso.

Sin ningún género de dudas, Hahnemann, se esforzó por transformar, a través de su método de la potenciación, lo erróneo en correcto, lo venenoso en virtud, pero resulta mucha más fácil emplear directamente los remedios que benefician y que hacen el bien.

La sanación está por encima de todas las cosas materiales y de cualquier ley. Es de origen divino y, por eso, no puede estar sujeta a cualesquiera de nuestros convencionalismos o a los patrones normales. Por consiguiente debemos elevar nuestros ideales, nuestros pensamientos y objetivos a maravillosas y sublimes dimensiones que nos han sido mostradas y enseñadas por los grandes maestros.

¿No piensan por un momento que todo esto nos aparta de la obra de Hahnemann? Todo lo contrario, él indicó las grandes leyes fundamentales, las bases, pero él tuvo sólo una vida, y si hubiera continuado con su obra habría llegado, sin lugar a dudas, a los mismos resultados. Nosotros continuamos ahora con su obra y se la cederemos al siguiente estadio natural de desarrollo.

Ahora queremos reflexionar sobre el hecho de por qué la medicina debe modificarse de manera inevitable. La ciencia de los anteriores 200 años ha considerado siempre a la enfermedad como un factor material que puede ser apartado a través de medios naturales. Por supuesto, todo esto es rotundamente falso.

La enfermedad del cuerpo, tal y como nosotros la conocemos, es un resultado, un producto final, un estadio final de algo mucho más profundo. El origen de la enfermedad no se encuentra a nivel físico, sino, más bien, a nivel espiritual. La enfermedad es, en un 100%, el resultado de un conflicto entre nuestro yo espiritual y nuestro yo perecedero. Siempre que estos dos se encuentren en mutua armonía, nos encontramos totalmente sanos. Ahora bien, cuando ya no existe esa compenetración, tiene entonces como consecuencia lo que conocemos como enfermedad.

La enfermedad es únicamente un correctivo. No es ni un castigo ni una crueldad, pero es el medio que emplea nuestra alma para indicarnos nuestros errores, impedir que cometamos fallos aún mayores y para evitar que se produzcan otros males, conduciéndonos de vuelta al camino de la verdad y de la luz, del que nunca deberíamos habernos apartado.

En realidad, la enfermedad está al servicio de nuestro bienestar y hacer el bien, aunque deberíamos evitarla con que sólo tuviéramos el entendimiento correcto junto con el deseo de hacer lo que se considera correcto.

Cualesquiera de los errores que siempre cometemos se muestran en nosotros mismos y ocasionan –según la naturaleza del error– desgracia, ausencia de bienestar o padecimiento. El objetivo reside en hacernos conscientes del efecto perjudicial de una actitud equivocada o de una forma errónea de pensar. Al producirse en nuestro caso resultados semejantes, se nos muestra cómo podemos causar aflicción a otras personas, infringiendo de esta manera la grandiosa y divina ley del amor y de la unidad.

Para la comprensión del médico, la enfermedad misma indica el tipo de conflicto. Quizá se pueda ver todo esto más claro al ilustrarlo con ejemplos, para acercarles a la idea de que da igual la enfermedad que se padezca, el caso es que ésta aparece porque no reina el equilibrio entre la persona y la divinidad existente en esa persona.

El dolor es la consecuencia de la crueldad, que ocasiona dolor en los otros, ya sea espiritual o corporal. Pero podrán estar seguros de que descubrirán en su propia persona una ruda forma de proceder o un pensamiento cruel cuando se analicen a sí mismos en los momentos en que padezcan dolor. Aparten de ustedes estas tendencias crueles y desaparecerá el dolor.

Cuando alguna de sus articulaciones o algunos de sus miembros se encuentre agarrotado, podrán estar seguros de que esa misma rigidez está presente en sus espíritus, de que se encuentran aferrados a cualquier idea, principio o convencionalismo con el que deben romper. Si padece asma o tienen alguna dificultad a la hora de respirar, de alguna manera le están robando el aire a otra persona. Si sienten que se ahogan, es porque no tienen el valor suficiente para hacer lo correcto. Cuando se sienten débiles, entonces es porque están permitiendo que alguien impida a su fuerza vital penetrar en sus cuerpos. Incluso la parte del cuerpo afectada hace referencia a la naturaleza del error: la mano significa una forma errónea de actuar; el pie, que se comete un error al ayudar a los otros; el cerebro indica una falta de control; el corazón hace referencia a una carencia, exceso o a un comportamiento falso en el amor; el ojo muestra una falsa percepción y señala el hecho de que no se quiere ver la verdad cuando uno tiene que enfrentarse a ella. Igualmente, se puede profundizar en el motivo y la naturaleza de una enfermedad como una lección que el paciente debe aprender y su necesaria corrección.

Permítame echar una breve ojeada al hospital del futuro.

Será un oasis de paz, de esperanza y de alegría. No habrá lugar para las prisas y el ruido. No existirá ninguno de esos terribles aparatos y máquinas que hoy en día se utilizan. No se olerá a productos desinfectantes ni a anestesias. No aparecerá nada que recuerde a la enfermedad y al padecimiento. Los pacientes no serán continuamente molestados para tomarles la temperatura. No existirán reconocimientos diarios con estetoscopios y otros aparatos de exploración para grabar en el ánimo del paciente la naturaleza de su enfermedad. No habrá lugar para esas continuas tomas de tensión para transmitir al paciente la sensación de que su corazón palpita demasiado rápido. No aparecerán ninguna de estas cosas, porque todo ello dificulta la atmósfera de paz y tranquilidad que tan necesaria es al paciente para facilitar su pronta recuperación. Tampoco habrá ya necesidad de laboratorios, porque el análisis microscópico de los detalles, no tendrá ninguna importancia cuando se haya comprendido que es el paciente el que debe ser tratado y no la enfermedad.

El objetivo de todas esas instituciones será el producir una atmósfera de paz, de esperanza, de alegría y de confianza. Todo lo que se haga será para que el paciente sea estimulado, a olvidar su enfermedad y a que aspire a su recuperación, corrigiendo al mismo tiempo cada uno de los fallos existentes en su naturaleza, y para que entienda la lección que debe de aprender.

Todo será maravilloso y hermoso en el hospital del futuro, de tal forma que el paciente busque la manera de salir de ese lugar no sólo para liberarse de su enfermedad, sino también para desarrollar el deseo de llevar una vida en la que exista una mayor armonía con las órdenes de su alma de lo que ha existido hasta ahora.

El hospital se convertirá en la madre de los enfermos. El hospital los tomará en sus brazos, los tranquilizará y consolará, proporcionándoles al mismo tiempo esperanza, confianza y valor para superar sus dificultades.

El médico del mañana reconocerá que él, por sí mismo, no posee ningún poder para sanar al otro, sino que le fueron dados los conocimientos de cómo guiar a sus pacientes y lograr que la fuerza curativa sea canalizada a través de él para, de esta manera, liberar a los enfermos de sus padecimientos. Todo esto lo recibe el médico cuando dedica su vida al servicio de sus semejantes, al estudio de la naturaleza humana, de tal forma que pueda comprender parcialmente el sentido de esta naturaleza, y tiene un deseo de todo corazón de liberar a los hombres de sus padecimientos y de dar todo por ayudar a los enfermos. Entonces, su poder y capacidad de ayudar crecerá de forma directamente proporcional según la intensidad de su deseo y de su disponibilidad a servir. El médico comprenderá que la salud, al igual que la vida, depende única y exclusivamente de Dios, y sólo de él. Comprenderá también que los remedios que emplea sólo son remedios dentro del plan divino que contribuyen a conducir al afectado de nuevo hacia el camino de la ley divina.

El médico del mañana no tendrá interés en la patología o en la anatomía patológica, ya que él investiga la salud. Para él no juega ningún papel el hecho de que, por ejemplo, la disnea sea producida o no por el bacilo de la tuberculosis, por el estreptococo o por cualquier otro microorganismo. Pero, por el contrario, será marcadamente importante para él el saber por qué el paciente al respirar tiene que padecer semejantes dificultades. Es insignificante el saber que parte del corazón es la que está dañada y, por contra, es tremendamente importante descubrir de qué manera el paciente ha desarrollado de manera equivocada su amor. Los rayos X ya no serán utilizados para examinar una articulación artrítica, sino que más bien se investigará la personalidad de paciente para descubrir dónde se encuentra el agarrotamiento en su alma.

Los diagnósticos de las enfermedades ya no serán dependientes de los síntomas y muestras corporales, sino de la capacidad del paciente de corregir sus errores y de poder volver a estar en armonía con su vida espiritual.

La formación del médico, englobará un profundo estudio de la naturaleza humana que conducirá a una gran percepción de lo puro y perfecto, a la comprensión del estado divino del ser humano, así como al conocimiento de cómo se puede ayudar a aquellos que padecen, de manera que su relación con su yo espiritual vuelva a ser armónica y en su personalidad se restablezca de nuevo la salud y la concordia.

El médico del futuro estará en condiciones de poder averiguar el conflicto existente en la vida del paciente que ha ocasionado la enfermedad o desarmonía entre el cuerpo y el alma. Esto le permitirá darle al paciente el consejo que para él es el adecuado y tratarlo.

El médico también tendrá que estudiar la naturaleza y sus leyes, estará familiarizado con las fuerzas curativas de la naturaleza de tal forma que pueda utilizar estos conocimientos para el beneficio del paciente.

El tratamiento del mañana despertará, en esencia, cuatro cualidades en el paciente:
1. Paz.
2. Esperanza
3. Alegría
4. Confianza

Todo el ambiente que le rodee, así como la atención, así como la atención que se le preste al paciente, estarán al servicio de ese objetivo. Al englobar al paciente en una atmósfera de salud y de luz, se apoyará su recuperación. Al mismo tiempo, los errores del paciente han sido diagnosticados, se ha conseguido que él los vea claros y ahora obtiene apoyo y ánimo para poder superarlos.

Además, le serán suministrados los remedios maravillosos que han sido bendecidos por Dios con fuerzas curativas para abrir en él los canales que captan la luz del alma, de manera que la fuerza curativa penetre e invada al paciente.

La manera de actuar de estos remedios consiste en elevar nuestras vibraciones y en abrir nuestros canales para que nuestro yo espiritual pueda sentir, en invadir nuestra naturaleza con la virtudes que necesitamos y en subsanar los errores que en nosotros ocasionan daños. Estos remedios son capaces, al igual que una música maravillosa o que todas esas magníficas cosas que nos inspiran, de elevar nuestra naturaleza y de acercarnos a nuestra alma, y, precisamente a través de esta forma de actuar, nos traen consigo paz y nos liberan de nuestros padecimientos.

No sanan atacando la enfermedad, sino invadiendo nuestro cuerpo con las maravillosas corrientes de nuestra naturaleza ya más elevada, en cuya presencia cada enfermedad se funde como la nieve bajo los rayos del sol.

Finalmente, estos remedios cambian la actitud del paciente frente a la salud y la enfermedad.

Se debe acabar para siempre con el pensamiento de que se puede comprar el alivio de una enfermedad con oro o plata. La salud tiene, como la vida, un origen divino, y sólo puede ser alcanzada a través del empleo de medios divinos. Dinero, lujo o viajes pueden hacer que, de puertas para afuera, parezca que podemos comprar una mejora de nuestro estado corporal, pero todas estas cosas nunca nos podrán proporcionar la verdadera salud.

El paciente del mañana entenderá que él, y solamente él, podrá liberarse de su padecimiento, aunque pueda recibir consejo y ayuda por parte de otras personas cualificadas que le apoyan en su esfuerzo. La salud, por tanto, existe cuando podemos hablar de armonía entre el alma, el espíritu y el cuerpo. Esta armonía es condición indispensable antes de que se pueda producir la curación.

En el futuro, uno ya no se sentirá jamás orgulloso de estar enfermo. ¡Todo lo contrario! La gente se avergonzará tanto de su enfermedad como se deberían avergonzar de un asesinato.

Ahora, quisiera aclararles cuáles son los dos estados del espíritu que, en nuestro país, provocan más enfermedades que cualquier otra causa. Estos son los grandes errores de nuestra civilización: la codicia y la falsa idolatría.

La enfermedad nos ha sido otorgada a modo de correctivo. Ella es la consecuencia de nuestra manera errónea de proceder y de pensar. Sí, no obstante, podemos corregir nuestros errores y vivir en armonía con el plan divino, entonces la enfermedad nunca más nos buscará.

En nuestra civilización, la codicia eclipsa todo. Tenemos ansias de bienestar, de posición social, de una elevada situación profesional, de honra mundial, de bienestar y popularidad. No obstante, esta ambición es inofensiva en comparación con otro tipo de apetencias.

Lo peor de todo es la ambición de poseer a otra persona. Es cierto que este aspecto está tan extendido entre nosotros que lo consideramos correcto y adecuado. Sin embargo, esto no atenúa su aspecto negativo, ya que el querer poseer o influir sobre otros individuos o personalidades significa la usurpación del poder de nuestro Creador.

¿Cuántas personas podría encontrar entre sus amigos o familiares que sean realmente libres? ¿Cuántas no están ligadas o se ven influenciadas o dominadas por otras personas? ¿Cuántas de ellas podrían afirmar cada día, cada mes, cada año, que únicamente obedecen los dictados de su alma y que le son indiferentes las influencias de otras personas?

Y, sin embargo, cada uno de nosotros es un alma libre que solamente debe responder ante Dios de sus acciones y, también de sus pensamientos.

Quizá la lección más grande de la vida es la de aprender a tener libertad. Libertad respecto a las circunstancias que nos rodean, frente a nuestro ambiente cotidiano, frente a otras personalidades y frente a nosotros mismos, ya que en tanto no seamos libres no podremos estar en situación de darnos totalmente y de servir a nuestros semejantes.

Analicemos ahora si somos víctimas de una enfermedad o cualquier otra dificultad, si nos vemos rodeados de personas o de amigos que nos molestan, si vivimos con personas que nos dominan y nos ordenan, que se inmiscuyen en nuestros planes o que impiden nuestro desarrollo. Nosotros mismos somos los responsables de ello. El motivo de todo esto es que, dentro de nosotros, existe una tendencia que obstaculiza la libertad del otro, o bien nos falta el valor de reafirmarnos en nuestra propia individualidad y re reivindicar nuestro derecho a nacer.

En el momento en el que hayamos dado una completa libertad a todos nuestros semejantes, cuando ya no sintamos el deseo de unir otras personas a nosotros y de limitarlas, cuando nuestro único pensamiento consista en dar y no en tomar, entonces, en ese momento, seremos verdaderamente libres. Nuestras ataduras caerán y romperemos las cadenas y, por primera vez en nuestra vida, sabremos de la extraordinaria alegría que proporciona la libertad absoluta. Liberados de todas las limitaciones humanas, serviremos diligentemente y llenos de alegría sólo a nuestro más elevado yo.

El ansia de poder se ha desarrollado tanto en el mundo occidental, que hace necesaria la aparición de graves enfermedades antes de que la persona afectada pueda reconocer su equivocación y corregir su comportamiento. Y, según la intención con la que dominemos a nuestros semejantes, debemos de padecer en tanto que lo que nos hayamos atribuido no le competa al ser humano.

La libertad completa es nuestro derecho de nacimiento, y solamente la podemos alcanzar cuando le concedamos esa libertad a cada alma viva que se nos cruce en nuestro camino, puesto que, en verdad, recogemos lo que sembramos, tal y como dice el dicho: *El que no siembra no recoge.*

Al igual que irrumpimos en la vida de otra persona, ya sea joven o mayor, eso debe de tener repercusiones en nosotros. Cuando limitamos sus actividades, de alguna manera podemos comprobar que nuestro cuerpo se ve también limitado por una especie de rigidez. Sí, además, les proporcionamos dolor y padecimiento, entonces debemos estar preparados para padecer lo mismo hasta que nos hayamos enmendado. Y no existe ninguna enfermedad, ni siquiera una ten grave, que no sea necesaria para examinar nuestras actuaciones y modificar nuestro comportamiento.

Aquellos de ustedes que padezcan bajo el dominio de otras personas, pueden adquirir un nuevo valor, ya que eso significa que se ha logrado un paso más en su desarrollo, en el que se le imparte la lección de cómo volver a recuperar su libertad. Y, exactamente, el dolor y padecimiento que se soporta es la lección que les permitirá poder corregir sus propias equivocaciones. Y, tan pronto como hayan reconocido estos errores y los hayan corregido, desaparecerán las dificultades.

Para poder llevar esto a cabo, se deben practicar grandes bondades. No se puede, jamás, herir a otra persona a través de un pensamiento, una palabra o un hecho. Pensemos que todas las personas trabajan en su propia liberación, yendo por la vida aprendiendo las lecciones que les son necesarias para la perfección de su propia alma. Esto lo deben hacer para ellos mismos. Deben tener sus propias experiencias, reconocer las trampas de la vida y, a través de sus propias fuerzas, encontrar el camino que conduce a la cumbre. Lo más maravilloso que podemos hacer, ahora que poseemos un poco más de conocimiento y experiencia que nuestros jóvenes, es conducirlos suavemente. Si nos prestan atención, estupendo. En caso contrario, debemos esperar hasta que hayan tenido otras experiencias que deben hacerles conscientes de sus emociones y, entonces, quizás se dirijan de nuevo a nosotros.

Deberíamos aspirar a ser útiles de manera bondadosa, tranquila y paciente, a movernos entre nuestros semejantes como un soplo de viento o un rayo de sol. Tendríamos que estar siempre preparados para ayudar cuando nos lo pidan, pero nunca debemos imponerles nuestros puntos de vista.

Y ahora quisiera hablar sobre otro gran impedimento que se interpone a la salud y que hoy en día está muy extendido. Se trata de uno de los mayores impedimentos con los que se encuentra los médicos en su esfuerzo por sanar al paciente. Es un impedimento que es una forma de divinización, Cristo dijo: "No se puede servir al mismo tiempo a Dios y al dinero", y, sin embargo, el dinero es una de las piedras con que tropezamos más a menudo. Hubo una vez un glorioso y magnífico ángel, que se le apareció a San Juan, cayendo éste de rodillas presa de la admiración a la vez que le adoraba, pero el ángel le dijo: "No debes arrodillarte ante mí, ya que soy tu siervo y el siervo de tu hermano. Adoremos a Dios" Y, sin embargo, hoy en día miles de personas no adoran a Dios, ni siquiera a un poderoso ángel, sino a un semejante. Les puedo asegurar que una de las mayores dificultades que debemos superar es el endiosamiento de un mortal.

Qué habitual es la frase: "Debo preguntar a mi padre, a mi hermana, a mi marido... " ¡Qué tragedia! Imaginarse que un alma humana que lleva adelante su evolución divina deba pararse para pedir permiso a un semejante. ¿A quién cree que debe agradecer su origen, su vida? ¿A un semejante o a su creador?

Debemos comprender que únicamente debemos responder ante Dios de nuestros pensamientos y de nuestras actuaciones. Y que, de hecho, se trata de una falsa idolatría el dejarse influenciar por los otros mortales, el seguir sus deseos o el tener en cuenta sus necesidades. La penalización es muy grave, nos ata, nos lanza a la cárcel y limita nuestra vida. Y eso debe ser así porque no nos merecemos otra cosas si obedecemos las órdenes de otros semejantes sabiendo que todo nuestro yo sólo debería conocer una orden y ésa es la de nuestro Creador, que nos ha regalado nuestra vida y nuestra comprensión.

Pueden estar seguros de que la persona que se siente obligada con su mujer, con su hijo o con un amigo, es un idólatra que sirve al dinero y no a Dios.

Recordemos las palabras de Cristo: ¿Quién es mi madre y quiénes son mis hermanos?, lo que significa que cada uno de nosotros, seamos lo pequeño e insignificante que queramos, está aquí para servir enteramente a nuestros semejantes, a la humanidad y al mundo, y nunca, ni siquiera durante el más breve momento, debe seguir las órdenes de otra persona cuando éstas contravengan de cualquier manera los motivos que reconocemos como las órdenes de nuestra alma.

Sean el capitán de sus almas, el maestro de sus destinos (lo que significa que, sin prestar ningún tipo de resistencia, se dejen dominar y guiar por la divinidad que existe en ustedes a través de otra persona o de una circunstancia), vivan siempre en armonía con las leyes de Dios y sean sólo responsables ante Dios, que nos ha regalado nuestra vida.

Quisiera desviar todavía su atención hacia otro punto. Piensen siempre en la orden que Cristo dio a sus discípulos: **"No os opongáis a lo negativo."** La enfermedad y los errores no se vencen a través de la lucha, sino al sustituirlos por lo bueno. La oscuridad desaparece con la luz y no con más oscuridad; el odio lo hace con el amor, la crueldad con la compasión y la enfermedad con la salud.

Nuestro objetivo reside únicamente en reconocer nuestros errores y en esforzarnos por desarrollar la virtud que se le opone, de tal forma que el error desaparece al igual que la nieve se funde bajo el sol. No luchen contra sus preocupaciones. No batallen con sus errores y debilidades, es mucho mejor que los olviden y se concentren en el desarrollo de las virtudes necesarias.

Resumiendo. Podemos reconocer la importancia que, en el futuro, tendrá la homeopatía en la superación de enfermedades. Ahora, cuando hemos comprendido que la enfermedad en sí significa *Igual* con *Igual* se *cura*, que nosotros mismos somos los culpables de la enfermedad, que ésta aparece para corregir nuestros errores, representando en última instancia un bien para nosotros, y que podemos evitarla si aprendemos las lecciones necesarias y corregimos esos errores antes que sean necesarias otras lecciones del dolor aún más difíciles. Esto es la consecución natural de la magnífica obra de Hahnemann. La consecución lógica de este pensamiento se le hizo patente a él conduciéndonos un paso más adelante hacia una comprensión completa de la enfermedad y la salud, y ése es el estadio en el que superamos el vacío existente entre lo que él nos ha legado y el ocaso del día, cuando la humanidad haya hecho semejante progreso, pudiendo así recibir directamente la grandeza de la sanación divina.

Aquel médico juicioso que escoja esmeradamente sus remedios de las beneficiosas plantas de la naturaleza, estará en situación de ayudar a sus pacientes, de abrir los canales que posibilitan una mayor unidad entre cuerpo y alma, desarrollando, por lo tanto, las virtudes que son necesarias para subsanar los errores. Esto proporciona a la humanidad la esperanza de una verdadera salud en conexión con progresos espirituales.

Para los pacientes, es necesario que estén preparados para confrontarse con la realidad de que la enfermedad es, única y exclusivamente fruto de sus propios errores, al igual que el precio del pecado es la muerte. Deben desear corregir esos errores, llevar una vida mejor y más plena de sentido, y reconocer que la sanación, depende únicamente de sus propios esfuerzos, aunque puedan ir al médico para que les ayude y guíe.

La salud ya no se puede conseguir con dinero, igual que un niño no puede comprar su educación. No hay ninguna suma de dinero capaz de enseñar a un niño a escribir. Él lo debe aprender bajo la dirección de un profesor experimentado, y exactamente igual es el comportamiento de la salud.

Existen dos grandes mandamientos: *Ama a Dios y a tus semejantes*. Queremos desarrollar nuestra individualidad de forma que consigamos una completa libertad para servir al divinidad en nosotros mismos y, únicamente, a esa divinidad. Y deseamos darle a todos los otros una completa libertad y servirles de la manera en que esté en nuestro poder según las leyes de nuestra alma. Y la capacidad de servir a nuestros semejantes aumenta al hacerse cada vez mayor nuestra propia libertad.

Por este motivo, debemos enfrentarnos al hecho de que nosotros mismos, exclusivamente, somos los responsables de nuestra enfermedad, y de que el único tratamiento reside en corregir nuestros errores. Toda verdadera curación aspira a representar para el paciente un apoyo para armonizar su alma, su espíritu y su cuerpo. Eso solamente lo puede llevar a cabo él mismo, aunque el consejo y la ayuda de una persona experimentada puedan representar una gran ayuda en todo ello.

Tal y como Hahnemann expuso, toda sanación que no haya procedido del interior perjudica. Toda recuperación aparente del cuerpo, conseguida a través de métodos materiales o por la actuación de otra persona, que no cuente con la ayuda propia del paciente, puede aportar seguramente cierto alivio corporal, pero dañará nuestro más elevado yo, ya que la lección no ha sido aprendida ni los errores subsanados. Cuando se piensa en las numerosas curaciones artificiales y superficiales que se llevan a cabo hoy día con la ayuda del dinero y de métodos médicos equivocados: son métodos falsos porque simplemente acallan los síntomas proporcionando un alivio aparente sin haber eliminado las verdaderas causas.

La sanación debe proceder de nuestro propio interior al reconocer nuestros errores, corregirlos y conseguir que nuestra vida esté en armonía con el plan divino. Y dado que nuestro Creador, en su bondad, nos ha proporcionado ciertas plantas medicinales bendecidas por él que nos deben ayudar a lograr nuestra victoria, queremos buscar estas plantas y utilizarlas tan bien como nos sea posible, para así ascender la montaña de nuestra evolución hasta que llegue el día en el que hayamos alcanzado la cima de la perfección.

Hahnemann había reconocido la verdad de que Igual con Igual se sana, que en realidad significa que la enfermedad cura a la manera equivocada de proceder, que la verdadera sanación no es otra cosa que un nivel más alto, y que el amor y todos sus atributos expulsan a lo equivocado.

él reconoció que en la verdadera sanación no debe ser utilizado nada que retire al paciente su propia responsabilidad, sino que sólo deben ser empleados aquellos remedios que le ayuden a superar sus propios errores.

Ahora sabemos que ciertos remedios en la farmacopea homeopática tienen el poder de superar nuestras vacilaciones, dotando, por lo tanto, de una mayor armonía a nuestro cuerpo y a nuestra alma y sanando a través de la armonía alcanzada de esta manera.

Finalmente, es nuestra labor depurar la farmacopea, así como añadirle nuevos remedios, hasta que sólo contenga aquellos que son beneficiosos y conmovedores.

LIBÉRATE A TI MISMO
(1932)

Introducción:

Es imposible expresar la verdad con palabras. El autor de este libro no tiene la intención de sermonear, ya que, de hecho, desprecia este método de la comunicación del conocimiento. En las siguientes páginas, el autor ha intentado indicar, de la manera más clara y sencilla posible, el sentido de nuestra vida, así como la finalidad de las dificultades con las que somos enfrentados y los medios con los que contamos para poder restablecer nuestra salud. Y, en la práctica, desea indicarnos cómo cada uno de nosotros se puede convertir en su propio médico.

Capítulo 1. Nada más sencillo que eso. La Historia de la Vida.

Una pequeña niña ha decidido pintar a tiempo un cuadro de una casa para el cumpleaños de su madre. En el espíritu de la pequeña niña la casa ya está pintada. Ella conoce hasta los más mínimos detalles de la casa, y ahora debe transportar esa idea al papel.

Coge su caja de pinturas, el pincel y un trapo y, llena de entusiasmo y felicidad, se pone al trabajo. Toda su atención y su interés se concentran en su labor, nada puede desviarla de lo que está realizando en ese momento. El cuadro está puntualmente listo para el cumpleaños. La niña ha plasmado su idea de la casa tan bien como ha podido. Es una obra de arte, ya que lo ha pintado ella sola, cada pincelada era el fruto del amor que sentía hacia su madre; cada ventana, cada puerta, fue pintada con la convicción de que tenían que estar exactamente ahí. Aun cuando pareciera un almiar, era la casa más completa que jamás haya sido pintada. Ha sido un éxito, por que la pequeña artista ha puesto todo su corazón y toda su alma, toda su vida, en realizar esa pintura.

Eso es salud: éxito y felicidad, y un auténtico servicio al prójimo, servir a nuestra manera a través del amor en una completa libertad.

Venimos al mundo con el conocimiento del cuadro que debemos pintar y hemos trazado ya el camino a través de nuestra vida. Todo los que nos queda por hacer es darle forma. Recorremos nuestro camino llenos de alegría e interés, y concentramos toda nuestra atención en el perfeccionamiento de ese cuadro, poniendo en práctica, lo mejor que podemos, nuestros pensamientos y objetivos en la vida física del entorno que hemos elegido.

Si desde el principio hasta el final perseguimos nuestros ideales con todas las fuerzas que poseemos, si aspiramos a que nuestros deseos se hagan realidad, entonces no existe el fracaso sino más bien, al contrario, nuestra vida se hace marcadamente exitosa, sana y afortunada.

La historia misma de la pequeña pintora pone en claro cómo las dificultades de la vida influyen en ese éxito y en la salud, pudiéndonos apartar del sentido de nuestra existencia si se lo permitimos.

La niña pinta febril y felizmente en su cuadro cuando de repente pasa alguien por su lado y opina: "¿Por qué no pintas aquí una ventana y ahí una puerta? También, el camino de entrada debería cruzar así el jardín." Esto tendrá como consecuencia el que la pequeña pierda por completo el interés en su trabajo. Quizá siga pintando, pero ahora está plasmando sobre el papel la idea de otra persona. De alguna manera, le enfada, irrita, la hace infeliz y tiene miedo de rechazar esas propuestas. Quizá comience a odiar el cuadro y probablemente lo haga añicos. En realidad, la reacción que tenga depende del tipo de personalidad del niño.

Cuando el cuadro esté listo, es probable que en él sea fácilmente reconocible una casa, pero el cuadro es incompleto y un fracaso, porque representa la interpretación del pensamiento de otra persona y no la interpretación del niño. Como regalo de cumpleaños ha perdido su valor, por que ya no podrá ser terminado a tiempo, y la madre tendrá que esperar un año más al regalo.

Ésta es la enfermedad: la reacción de la injerencia. Es un fracaso e infelicidad transitoria que se establece en nuestras vidas cuando permitimos que otros se inmiscuyan en el sentido de nuestra existencia sembrando la duda, el miedo o la indiferencia.

Capítulo 2. La salud depende de que estemos en armonía con nuestra alma.

Es de esencial importancia el que entendamos el verdadero significado de salud y enfermedad. La salud es nuestra herencia, nuestro derecho. Salud es la unidad completa del alma, cuerpo y espíritu, y eso no es tan difícil de conseguir, ni tampoco es un ideal que nos quede tan lejos sino, más bien, algo que puede ser logrado sin mucho esfuerzo y de manera natural.

Todos los objetos terrenales no son otra cosa que la interpretación de objetos espirituales. Incluso detrás del acontecimiento más insignificante se esconde una finalidad divina. Cada uno de nosotros tiene una misión divina en este mundo, y nuestras almas utilizan nuestro espíritu y nuestro cuerpo como instrumentos para poder llevar a cabo este objetivo, de tal manera que cuando estos tres aspectos funcionan en mutua armonía, la consecuencia es entonces la salud total y la felicidad absoluta.

Una tarea divina no significa una víctima. No quiere decir que debamos retirarnos del mundo y apartar de nosotros la alegría de la belleza y la naturaleza. Todo lo contrario, significa que disfrutamos de todas estas cosas de manera todavía más amplia y plena. Señala, también que el trabajo que amamos lo hacemos con nuestro corazón y nuestra alma, indiferentemente de que se trate del trabajo de la casa, de la agricultura, pintura o escenificación, independientemente de que sirvamos a nuestros semejantes en una tienda o en el hogar. Si amamos ese trabajo sobre todo lo demás, sea lo que sea, entonces se trata del mandato concreto de nuestra alma, del trabajo que debemos desempeñar en este mundo, y es en este trabajo en el único que podremos desarrollar nuestro verdadero yo y podremos poner en práctica su mensaje de una manera material y habitual.

Por lo tanto, a través de nuestra salud y nuestra fortuna podemos juzgar hasta qué punto interpretamos correctamente ese mensaje.

En las personas están presentes todas las cualidades espirituales y nosotros venimos a este mundo para manifestar estas características una tras otra, para perfeccionarlas y fortalecerlas, de manera que ninguna experiencia ni dificultad puedan debilitarlas o llegue a apartarnos del cumplimiento de ese sentido de la vida. Nosotros elegimos nuestra ocupación terrenal y las condiciones de vida externa que nos brindan la mejor oportunidad para probarnos. Venimos al mundo con una completa consciencia de nuestra especial tarea. Nos sabemos nacidos con el inimaginable privilegio de que todas nuestras luchas han sido ganadas antes de que las hayamos comenzado, de que la victoria nos es cierta antes de que se haya establecido la prueba, porque sabemos que nosotros somos hijos de Dios y que, por lo tanto, somos divinos e invencibles. Con esta revelación, la vida es una pura alegría. Podemos considerar todas las duras y difíciles experiencias de la vida como una aventura, ya que no debemos hacer otra cosa que reconocer nuestro poder, defender sinceramente nuestra divinidad, y entonces las dificultades se esfumarán como la niebla ante los rayos del sol. De hecho, Dios da a sus hijos la soberanía sobre todas las cosas.

Si sólo le prestamos atención a ellas, nuestras almas nos conducirán en cada ocasión y en cada situación difícil. Y cuando el espíritu y el cuerpo hayan sido guiados, marcharán por la vida irradiando felicidad y salud, tan libres de preocupaciones y responsabilidades como un pequeño y confiado niño.

Capítulo 3. Nuestras almas son perfectas. Somos hijos de Dios, y todo lo que nuestra alma nos obliga a hacer es por nuestro bien.

Por esta razón, la salud es el reconocimiento más cierto de lo que somos. Nosotros somos perfectos, somos los hijos de Dios. No tenemos que aspirar a lo que ya hemos alcanzado. Estamos en este mundo únicamente para manifestar la perfección en su forma material con la que estamos bendecidos desde el comienzo de los tiempos. Salud significa obedecer las órdenes de nuestra alma, ser confiados como un niño pequeño, mantener el intelecto a raya con sus argumentos lógicos (el árbol de la sabiduría de lo bueno y de lo malo), con sus pros y sus contras, con sus miedos preconcebidos. Salud significa ignorar lo convencional, las imaginaciones banales, así como las órdenes de otras personas con el fin de que podamos ir por la vida inalterados, indemnes y libres para poder así servir a nuestros semejantes.

Podemos medir nuestra salud según nuestra felicidad, y nuestra felicidad refleja la obediencia a nuestra alma. No es necesario ser un monje o una monja, o aislarse del mundo. El mundo está ahí precisamente para que lo disfrutemos y para que le sirvamos. Y sólo sirviéndole motivados por el amor y la felicidad, podremos ser útiles de verdad y dar lo mejor de nosotros. Cuando se hace algo por obligación, quizás hasta con un sentimiento de enojo o de impaciencia, el trabajo realizado no vale nada, siendo el despilfarro de un tiempo muy valioso que podríamos dedicar a uno de nuestros semejantes que realmente necesitase nuestra ayuda.

No es necesario analizar la verdad, ni justificarla o hablar demasiado sobre ella. Se la reconoce a la velocidad de un rayo. La verdad es parte de nuestro carácter. Solamente necesitamos una gran fuerza de convicción para las cosas insustanciales y complicadas de la vida que han conducido al desarrollo del intelecto. Las cosas que cuentan son las cosas simples: son aquellas en cuyo caso decimos: "¿Por qué? Es verdad. Parece que siempre lo he sabido." Y así ocurre con la percepción de la felicidad que sentimos siempre que vivíamos en armonía con nuestro yo espiritual. Cuanto más estrecha es la relación, tanto mayor será la alegría. Piensen en lo radiante de felicidad que se encuentra una novia en la mañana del día de su boda, en el arrobamiento de una madre con su recién nacido y en el éxtasis de un artista en la culminación de su obra maestra. Ésos son los momentos en los que se extiende la unidad espiritual.

Imagínense por un momento lo maravillosa que sería la vida si todos pudiéramos vivir con esa alegría. Y eso es posible si no perdemos la obra de nuestra vida.

Capítulo 4. Si seguimos nuestros propios instintos, nuestros deseos, nuestros pensamientos, nuestras necesidades... entonces no deberíamos conocer otra cosa más que alegría y salud.

Escuchar la voz de nuestra alma no es ningún objetivo imposible. Siempre que estemos dispuestos a reconocerlo, resultará muy fácil. La sencillez es la palabra clave de toda creación.

Nuestra alma (suave y delicada voz, la propia voz de Dios), nos habla a través de nuestra intuición, nuestros instintos, nuestros deseos, ideales, nuestras preferencias y desafectos habituales. De cualquier manera, es más fácil para nosotros si nosotros mismos la oímos, ¿Cómo si no podría Él hablar con nosotros? Nuestros verdaderos instintos, deseos, preferencias o aversiones nos han sido otorgados para que podamos interpretar las órdenes espirituales de nuestra alma con la ayuda de nuestra limitada percepción física, ya que a muchos de nosotros no nos es posible todavía vivir en una compenetración directa con su yo espiritual. Estas órdenes deben ser acatadas sin rechistar, porque únicamente el alma sabe qué experiencias son necesarias para el desarrollo de nuestra personalidad individual. Sea cual sea el mandamiento –se haga patente de forma trivial o cautelosa, se manifieste como un deseo por una taza de té o como la necesidad de la transformación total de nuestro estilo de vida-, debe ser obedecido de manera complaciente. El alma sabe que el estar satisfecho es el único camino para la sanación de cualquier mal que en este mundo consideramos como pecado o error, ya que mientras la globalidad se revela en contra de una cierta manera de actuar, no se subsana el error, sino que seguirá existiendo latentemente. Es mucho más fácil y rápido seguir metiendo el dedo en la mermelada hasta que uno se ponga malo y ya no le queden más ganas de probarla. Nuestras verdaderas necesidades, los deseos de nuestro verdadero "yo", no deben ser confundidos con los deseos y las necesidades que tan a menudo nos meten otras personas en la cabeza o con la conciencia, que, al fin y al cabo, es lo mismo pero con otras palabras. No debemos hacer caso de cómo el mundo interpreta nuestra manera de actuar. Sólo nuestra alma es responsable de nuestro bienestar, nuestra buena reputación está en Sus Manos. Debemos tener la certeza de que únicamente existe un pecado: el pecado de no obedecer las órdenes de nuestra propia divinidad. Esto es un pecado frente a Dios y a nuestros semejantes. Estos deseos, inspiraciones y necesidades no son nunca egoístas, nos afectan únicamente a nosotros, son siempre adecuados y nos aportan salud mental y corporal.

La enfermedad es la consecuencia de la resistencia de la personalidad frente al liderazgo del alma que se manifiesta corporalmente. La enfermedad se presenta cuando hacemos oídos sordos a la voz "suave y delicada" y olvidamos la divinidad que hay en nosotros, o cuando intentamos imponer a otros nuestros deseos o permitimos que sus propuestas, ideas y órdenes nos influyan.

Cuanto más nos liberamos de influencias externas, de influencias de otras personas, tanto más nuestra alma puede servirse de nosotros para realizar la obra de Dios. Sólo cuando intentamos dominar a los otros o ejercer un control sobre ellos nos convertimos en egoístas: Pero el mundo pretende hacernos creer que es egoísta aquel que sigue sus propios deseos. El motivo para ello es que el mundo nos quiere esclavizar, ya que, en realidad, solamente podemos servir al bienestar de la humanidad si realizamos nuestro verdadero "yo" y conseguimos expresarlo sin limitaciones. Shakespeare pronunció una gran verdad cuando dijo: "Si eres sincero contigo mismo, entonces necesariamente se desprenderá de ello que no puedes ser deshonesto frente a otras personas. Esto está tan claro como que la noche sigue al día."

La abeja que elige una determinada flor para recoger miel es el instrumento que servirá para diseminar el polen, que es imprescindible para las jóvenes plantas de la futura vida.

Capítulo 5. Si permitimos que otros se inmiscuyan en nuestra vida, entonces ya no podremos oír las órdenes de nuestra alma conduciéndonos a la desarmonía y a la enfermedad. El momento en que el pensamiento de otra persona irrumpe en nuestro espíritu nos desvía de nuestro verdadero rumbo.

Con nuestro nacimiento, Dios nos otorgó el privilegio de una individualidad única. Nos confió una tarea especial que sólo cada uno de nosotros podemos hacer. Él indicó a cada persona el camino propio que debe seguir sin que haya nada que le obstaculice. Por lo tanto, queremos estar pendientes para no permitir ninguna intromisión por parte de otros y, lo que quizás es aún más importante, que no nos inmiscuyamos bajo ningún concepto en la vida de los otros. Ahí reside la verdadera salud, el verdadero servicio al prójimo y la realización del sentido de nuestra vida.

En la vida de todas las personas se producen intromisiones. Forman parte del plan divino, y son necesarias para que podamos aprender cómo resistirnos a ellas. De hecho, podemos considerarlas como contrincantes verdaderamente útiles, cuya existencia está únicamente justificada por la circunstancia de que nos ayuden a hacernos más fuertes y a reconocer nuestra divinidad e invencibilidad. También debemos saber que sólo cobran importancia e impiden nuestro progreso si permitimos que nos influyan. El ritmo de nuestro progreso depende únicamente de nosotros. Es nuestra decisión si permitimos que nuestra tarea divina sea obstaculizada o si aceptamos la manifestación de la intromisión (llamada enfermedad), lo que provocaría nuestra limitación corporal y nuestro sufrimiento. La alternativa es que nosotros, que somos los hijos de Dios, nos sirvamos de esta intromisión para reafirmarnos aún más en el sentido de nuestra vida.

Cuantos más obstáculos haya en el camino de nuestra vida, tanto más seguros podremos estar del valor de nuestra tarea. Florence Nightingale logró su objetivo a pesar de la oposición de toda una nación. Galileo creía que la Tierra era redonda, aunque todo el mundo creía lo contrario, y el pequeño patito feo se convirtió en un cisne, aunque toda su familia se había burlado de él.

No tenemos ningún derecho a inmiscuirnos, sea de la manera que sea, en la vida de cualquier otro hijo de Dios. Únicamente nosotros tenemos el poder y la sabiduría para culminar la tarea adjudicada a cada uno de nosotros. Solamente cuando hacemos caso omiso de este hecho e intentamos imponer nuestras tareas a otros o permitimos que otros se inmiscuyan en nuestro trabajo, entonces irrumpe la desarmonía y la tensión en nuestras vidas.

Esta desarmonía y enfermedad se manifiesta en nuestro cuerpo y sirve únicamente para reflejar el funcionamiento de nuestra alma, de la misma manera que una sonrisa ilumina nuestros rostros o la ira los endurece. Esto mismo se puede aplicar a cosas mayores. El cuerpo refleja los verdaderos motivos de la enfermedad, tales como el miedo, indecisión, dudas, etc., a través del desorden de sus sistemas y tejidos.

Por este motivo, la enfermedad es la consecuencia de distorsiones e intromisiones al irrumpir en la vida de otro o permitir que otros lo hagan en la nuestra.

Capítulo 6. Todo lo que tenemos que hacer es salvaguardar nuestra personalidad, vivir nuestra propia vida, ser el capitán de nuestro propio barco, y así todo saldrá bien.

En nosotros existen importantes características, a través de las que nos vamos perfeccionando poco a poco, concentrándonos posiblemente en una o dos a la vez. Son aquellas características que en la vida terrenal de todos los grandes maestros que ha habido de tiempo en tiempo se han puesto de manifiesto para enseñarnos y ayudarnos a reconocer lo sencillo que es superar todas nuestras dificultades.

Éstas son las siguientes posibilidades:

Amor.	Indulgencia.	Sabiduría.
Simpatía.	Fuerza.	Perdón.
Paz.	Comprensión.	Valor.
Firmeza.	Tolerancia.	Alegría.

Al perfeccionar en nosotros mismos estas cualidades, cada uno se hace que el mundo se aproxime un poco más a su definitiva e inimaginablemente gloriosa meta. Cuando reconocemos que no aspiramos a un beneficio egoísta o a ventajas personales, sino a que cada individuo –sea rico o pobre, sea de un elevado o bajo nivel social– tenga la misma importancia dentro del proyecto divino y cuente con los mismos poderosos privilegios para convertirse simplemente en el salvador del mundo a través del conocimiento de que es una criatura del Creador. Y al igual que existen esas cualidades, esos pasos hacia la perfección, también se dan obstáculos o impedimentos que tienen la finalidad de fortalecernos en nuestro destino y en nuestra constancia.

Las siguientes son las verdaderas causas de la enfermedad:

Inhibición.	Indiferencia.	Ignorancia.
Miedo.	Debilidad.	Impaciencia.
Intranquilidad.	Duda.	Temor.
Indecisión.	Entusiasmo exagerado.	Aflicción.

Si permitimos el libre acceso a todos esos impedimentos, éstos se reflejarán en nuestro cuerpo, originando lo que llamamos enfermedad. Al no entender las verdaderas causas de la enfermedad, hemos atribuido esta desarmonía a influencias externas, a agentes desencadenantes de enfermedades, al frío o al calor, y a los resultados los hemos denominado artritis, cáncer, asma, etc. Se suele creer que la enfermedad tiene su origen en el cuerpo.

Además, existen determinados grupos de individuos, cada uno con su propia función, es decir, muestran en el mundo material una determinada lección que han aprendido. Cada uno tiene en ese grupo una personalidad determinada e individual una labor precisa y una forma propia de llevarlo a cabo. Éstas son también causas de las desarmonías, que se pueden poner de manifiesto en forma de enfermedad si no permanecemos fieles a nuestra personalidad individual y a nuestra labor.

La verdadera salud es felicidad, una felicidad que es muy fácil de conseguir porque está origina da por pequeñas cosas, como puede ser hacer aquello que hacemos con gusto como, por ejemplo pasar nuestro tiempo con aquellas personas que realmente queremos. En esas situaciones no existe tensión, ni esfuerzo, ni ambición por lo inalcanzable. La salud está ahí para nosotros, y podemos aceptarla en cualquier momento, a voluntad. Se trata de averiguar la labor para la que somos aptos y dedicarnos por entero a ella. Ay tantas personas que suprimen sus verdaderas necesidades y se convierten en personas que se desarrollan en el sitio equivocado. Como consecuencia de los deseos de su padre o de su madre, un hijo se convierte en abogado, soldado u hombre de negocios, cuando lo que en realidad quería ser era carpintero. O quizás el mundo pierda a otra Florence Nightingale por la ambición de una madre que quiere ver a su hija bien casada. Este sentido del deber es un sentimiento falso y, por eso, no brinda ningún servicio al mundo. Trae consigo desgracia, y probablemente se despilfarrará gran parte de la vida antes de que se pueda subsanar este error.

Érase una vez un maestro que dijo: "¿No sabéis que tengo que obedecer la voluntad de mi padre?" Lo cual significaba que debía obedecer su divinidad y no la voluntad de sus padres terrenales.

Queremos encontrar y realizar aquella cosa de la vida que realmente nos gusta. Deseamos convertir esa cosa en una parte tan importante de nuestra vida para que se convierta en algo tan natural como nuestra respiración, de la misma manera que para una abeja el recoger miel forma parte de ella, o para un árbol el perder sus hojas en otoño y volver a echar otras nuevas en primavera. Cuando investigamos la naturaleza, comprobamos que cada animal, cada pájaro, cada árbol y cada flor desempeña un papel determinado, ocupa un sitio propio, determinado y particular a través del cual enriquece el mundo aportando su granito de arena.

Cada gusano que cumple con su trabajo diario contribuye al riego y la limpieza de la tierra. La tierra proporciona las sustancias alimenticias para todas las plantas. Y por otro lado, la vegetación cuida de los hombres y de cada ser vivo, haciendo crecer las plantas en la secuencia adecua da para mantener el suelo fértil. Viven para la belleza y su sentido, y su labor es tan natural para ellas como la vida misma.

Y, cuando encontramos el trabajo para el que estamos hechos, si forma parte de nosotros, su realización entonces resulta muy fácil y hacerlo se convierte en una alegría. Nunca nos cansaremos de hacerlo, es nuestro "hobby". A través de ello se ponen de manifiesto todos nuestros talentos y capacidades que están a la espera de ser desvelados. Haciendo ese trabajo nos encontramos como en casa y podemos sacar lo mejor del mismo si somos felices, lo que significa obedecer las órdenes de nuestra alma.

A lo mejor ya hemos encontrado el trabajo idóneo. ¡Qué vida más maravillosa! Algunos saben ya desde su niñez cuál será su vocación, dedicándose durante toda su vida a esta tarea. Otros, aun sabiendo desde niños lo que quieren, cambian de opinión debido a otras propuestas y a determinadas circunstancias de su vida, o bien son desilusionados por otras personas. Sin embargo, todos nosotros podemos recuperar nuestro ideal y, aun cuando no lo podamos reconocer inmediatamente, podemos ponernos en camino para aspirar a él, ya que únicamente el ponernos un objetivo nos aportará consuelo porque nuestras almas tienen paciencia con nosotros. El verdadero deseo, el verdadero motivo, es lo que cuenta, es el verdadero éxito, sea cual sea el resultado.

Por tanto, siga las órdenes de su "yo" espiritual.

Capítulo 7. Una vez que hayamos reconocido nuestra divinidad, se hace todo mucho más sencillo.

Al comienzo, Dios dio al hombre el dominio sobre todas las cosas. El hombre, la criatura del Creador, tiene un motivo tan profundo para su desarmonía como la ráfaga del aire que entra por una ventana abierta, "Nuestros errores no se fundamentan en nuestras estrellas, sino en nosotros mismos", y qué agradecidos y llenos de esperanza estaremos cuando seamos capaces de reconocer que la curación también se encuentra en nosotros mismos. Cuando apartemos de nosotros la desarmonía, el miedo, el temor o la indecisión, se restablecerá la armonía entre el alma y el espíritu, y el cuerpo recuperará la perfección en todas sus partes.

Independientemente de la enfermedad que padezcamos, sea cual sea el resultado de esa desarmonía, podemos estar seguros de que la sanación reside en el ámbito de nuestras posibilidades, ya que nuestra alma nunca exige de nosotros más de lo que podemos realizar sin esfuerzo.

Cada uno de nosotros es un sanador, porque cada uno experimenta en su corazón amor por alguna cosa: por nuestros semejantes, por los animales, la naturaleza o la belleza en alguna de sus manifestaciones. Y cualquiera de nosotros quiere conservar ese amor y contribuir a que sea cada vez mayor. Cada uno de nosotros también siente compasión por aquellos que sufren. Esta compasión es totalmente natural porque todos nosotros, en algún momento de nuestra vida, hemos padecido. Por este motivo, no sólo nos podemos sanar a nosotros mismos, sino que también tenemos el privilegio de encontrarnos en situación de ayudar a sanar a nuestros semejantes, siendo los únicos requisitos para todo esto el amor y la compasión.

Nosotros, como hijos del Creador, llevamos la perfección en nosotros mismos y venimos al mundo con el fin de reconocer nuestra divinidad. Por esta razón, todos los exámenes y experiencias de la vida no pueden hacer nada contra nosotros, ya que con la ayuda de este poder divino todo es posible.

Capítulo 8. Las plantas medicinales son aquellas cuyo poder les ha sido otorgado para ayudarnos a conservar nuestra personalidad.

Así como Dios Misericordioso nos ha proporcionado alimento, también Él deja crecer entre las hierbas de las praderas plantas maravillosas que nos deben sanar cuando estamos enfermos. Ellas están ahí, para ofrecer al hombre una mano amiga cuando éste ha olvidado su divinidad y permite que el miedo o el dolor impida su visión.

Éstas son las plantas medicinales:

- Achicoria (Cichorium intybus).
- Mímulo (Mimulus guttatus).
- Agrimonia (Agrimonia eupatoria).
- Scleranthus (Scleranthus annuus).
- Clemátide (Clematis vitalba).
- Centaura (Centaurium umbellatum).
- Genciana (Gentiana amarella).
- Verbena (Verbena officinalis).
- Ceratostigma (Cerastostigma willmottiana).
- Impaciencia (Impatiens glandulifera).
- Heliántemo (Helianthemun nummularium).
- Violeta de agua (Hottonia palustris).

Cada planta medicinal se corresponde con una de las cualidades humanas, y su finalidad consiste en fortalecer esa cualidad, de tal forma que la personalidad pueda alzarse sobre los errores que representan a la correspondiente piedra que se nos cruza en el camino.

En la siguiente tabla están representados las cualidades, los errores y el remedio correspondiente que ayuda a la personalidad a superar esos fallos.

ERROR	REMEDIO	VIRTUD
Bloqueo emocional	Achicoria	Amor
Miedo	Mímulo	Compasión
Intranquilidad	Agrimonia	Paz
Indecisión	Scleranthus	Estabilidad
Indiferencia	Clemátide	Benevolencia
Debilidad	Centaura	Fuerza
Duda exagerada	Genciana	Entendimiento
Entusiasmo exagerado	Verbena	Tolerancia
Ignorancia	Ceratostigma	Sabiduría
Impaciencia	Impaciencia	Perdón
Temor	Heliántemo	Valor
Aflicción	Violeta de agua	Alegría

Los remedios contienen una fuerza curativa concreta que no tiene nada que ver con el creer a ciegas, ni su efecto depende de aquel que la proporciona, al igual que un somnífero hace que el paciente duerma, independientemente de que lo haya proporcionado el médico o la enfermera.

Capítulo 9. La Verdadera naturaleza de la enfermedad.

En la verdadera curación no tiene ningún significado la naturaleza ni el nombre de la enfermedad física. La enfermedad del cuerpo, en sí misma, no es otra cosa más que el resultado de la desarmonía entre el alma y el espíritu. Representa sólo un síntoma de la verdadera causa y, dado que la misma causa se manifiesta de manera diferente casi en cada uno de nosotros, debemos intentar apartar la causa, desapareciendo automáticamente las consecuencias, cualesquiera que éstas fueran.

Esto lo podemos entender todavía mejor de manos del suicidio. El suicidio no ocurre por sí mismo. Algunas personas se cuelgan desde una gran altura; otros toman veneno, pero detrás de cualquier manifestación del suicidio se esconde la desesperación. Si podemos ayudar a esas personas que piensan en el suicidio a superar su desesperación y a que encuentren alguien o algo por lo que vivir, entonces están curadas para largo plazo. Si lo único que hacemos es retirarles el veneno, entonces únicamente los habremos salvado temporalmente. Más tarde intentarán, de nuevo y en cualquier momento, suicidarse. También el miedo tiene diferentes efectos según las personas. Algunas se quedan blancas, otras se ponen rojas, algunas se vuelven histéricas y, de nuevo, otras se enmudecen. Si logramos explicarles lo que es el miedo y les mostramos que son suficientemente fuertes para poder superar y enfrentarse a todo, entonces no habrá nada que pueda asustarlas. El niño no volverá a tener miedo de esa sombra en la pared cuando se le dé una ve la y se le muestre cómo se originan esas sombras que bailan en la pared.

Durante demasiado tiempo hemos culpado a los agentes patógenos, resistentes a la alimentación y los hemos considerado como las causas de las enfermedades. Pero algunos de nosotros somos inmunes a epidemias de gripe, otras aman ese frescor que trae el viento frío, y otros muchos pueden comer queso y tomarse por la noche un café solo sin ponerse enfermos.

Nada en la naturaleza nos puede dañar si somos felices y armónicos, ya que precisamente para todo lo contrario está ahí la Naturaleza: para nuestro beneficio y disfrute. Sólo cuando permitimos que la duda y la depresión, la indecisión o el miedo crezca en nosotros, somos susceptibles ante las influencias externas. Por lo tanto, la verdadera causa que se esconde tras la enfermedad es el estado del paciente y no su constitución física.

Cada enfermedad, sea todo lo grave que se quiera, puede ser curada siempre que se recupere la felicidad del paciente y éste desarrolle el deseo de retomar la obra de su vida. Con frecuencia se necesita para ello una transformación mínima en su estilo de vida, cualquier idea fija insignificante que le hace intolerante frente a los demás, cualquier responsabilidad falsa que le esclaviza cuando podría hacer algo bueno. Existen siete maravillosos estadios en la curación de la enfermedad y son los siguientes:
Paz. Esperanza. Alegría. Confianza. Certeza. Sabiduría. Amor.

Capítulo 10. Para que nosotros mismos seamos libres, debemos dar libertad a los demás.

La meta última de la humanidad es la perfección, y para alcanzar ese estado el hombre debe aprender a caminar ileso por entre las diferentes experiencias de la vida. Debe enfrentarse a todos los obstáculos y tentaciones sin permitir ser apartado de su camino. Si lo consigue, se verá libre de todas las dificultades, injusticias y padecimientos de la vida. Esa persona ha almacenado en su alma el amor perfecto, la sabiduría, el valor, la tolerancia y la comprensión que son el resultado de saber y ver todo, ya que el maestro perfecto es aquel que ha vivido todas las experiencias.

Nosotros podemos hacer de ese viaje por la vida una breve y satisfactoria experiencia cuando re conocemos que la libertad de servidumbre sólo se consigue si damos libertad a los demás. Seremos libres cuando demos libertad a los demás, ya que sólo podemos aprender a través de nuestro buen ejemplo, es decir, dando libertad a todas aquellas personas que tienen que ver con nosotros. Cuando demos libertad a cada ser vivo y a todos los que están a nuestro alrededor, entonces seremos nosotros libres. Si comprobamos que no intentamos controlar o manejar la vida del otro hasta en el más mínimo detalle, entonces nos daremos cuenta de que la intromisión ha desaparecido de nuestras vidas, porque son precisamente aquellas personas a las que tenemos maniatadas las que nos esclavizan. Érase una vez un hombre que estaba tan aferrado a sus propiedades que no pudo aceptar un regalo de Dios.

Nos podemos liberar fácilmente del dominio de los otros concediéndoles, primero, una libertad total y, segundo, negándonos suavemente a permitir ser dominados por ellos. Lord Nelson fue muy sabio cuando en una ocasión miró a través del telescopio con su ojo ciego. Sin obligación, sin oposición, sin odio y sin enemistad. Nuestros contrincantes son nuestros amigos, hacen que el juego merezca la pena, y al final del mismo todos deberíamos darnos la mano.

No sería lógico esperar que los otros hagan lo que queremos. Sus ideas son correctas, y aunque sus caminos discurran en una dirección diferente al nuestro, nuestra meta es la misma al final del camino. Comprobamos que no hacemos justicia a nuestros deseos si forzamos a los otros a que tengan los mismos.

Nos podemos comparar con una revista que es distribuida en los diferentes países del mundo: se dirigen a Asia, otras a Canadá, algunas otras a Australia y luego regresan al mismo puerto. ¿Por qué seguir entonces al barco que va al Canadá si queremos dirigirnos a Australia? Eso representa únicamente un retraso innecesario.

Aquí puede suceder de nuevo que no reconozcamos la pequeñez que nos tiene presos. Las cosas que nosotros queremos capturar son aquellas que nos capturan a nosotros. Eso puede ser una casa, un jardín, un mueble, etc. Incluso ellos tienen su derecho a la libertad. Las posesiones terrenales son finalmente perecederas, despiertan el miedo y la preocupación, porque nosotros en nuestro interior somos conscientes de su inevitable pérdida final. Estas cosas están ahí para que las disfrutemos, admiremos y las agotemos totalmente, pero no para que consigan un significado tan grande como para convertirse en cadenas.

Si damos libertad a todos y a todo lo que nos rodea, comprobaremos que seremos mucho más ricos en amor y propiedades que nunca anteriormente, ya que el amor que da libertad es el gran amor que une todavía más.

Capítulo 11. Sanación.

Desde tiempos inmemoriales, la Humanidad ha reconocido que nuestro Creador, en su amor, ha hecho crecer hierbas en las praderas que nos permiten sanar, así como cereales y frutas para nuestro alimento.

Los astrólogos que han investigado las estrellas, y los homeópatas que han estudiado las plantas han buscado desde siempre el remedio que nos ayude a mantener nuestra salud y nuestra alegría de vivir.

Para encontrar el remedio que nos pueda ayudar, debemos encontrar primero la meta de nuestra vida, el objetivo al que aspiramos, y entender las dificultades de nuestra vida. A estas dificultades las denominamos errores o debilidades, pero no queremos dejarnos intranquilizar por ellas, ya que no son otra cosa más que la prueba de que estamos realizando grandes cosas. Nuestros errores deberían ser nuestros estimulantes, porque eso significa que tenemos grandes objetivos.

Debemos adivinar qué batallas podemos soportar y a qué enemigo intentamos vencer especialmente, entonces podemos recoger agradecidamente la planta que es apropiada para ayudarnos a vencer. Deberíamos aceptar esas plantas de la naturaleza como una riqueza medicinal, como el regalo divino de nuestro Creador para ayudarnos con nuestras dificultades.

Durante la verdadera curación no desaparece ningún pensamiento de la enfermedad. Lo que se tiene en consideración es el estado espiritual, sólo el problema espiritual. Lo que importa es dónde no nos hallamos en armonía con el plan divino. Esta desarmonía con nuestro yo espiritual puede provocar cientos de diferentes debilidades en nuestro cuerpo, ya que, al fin y al cabo, nuestro cuerpo lo que hace es reproducir el estado de nuestro espíritu, pero ¿qué papel juega? Si volvemos a poner en orden nuestro espíritu, entonces el cuerpo también sanará rápidamente. Resulta tal y como Cristo nos enseñó: "¿Qué es más fácil de decir que tus pecados te son perdonados, o levántate y anda?" Por eso queremos volver a dejar claro que nuestra enfermedad corporal no juega ningún papel. Es el estado de nuestro espíritu, y sólo eso, lo que importa. Ignoran do completamente la enfermedad que padecemos, debemos por ello sólo tener en cuenta a cuál de los siguientes tipos de personalidad pertenecemos.

Si se tuvieran dudas a la hora de elegir el remedio apropiado para cada uno, nos ayudaría si nos preguntásemos qué virtudes admiramos más en los otros o que defectos de las otras personas nos causan un rechazo más enérgico, ya que esos defectos que precisamente queremos eliminar en nosotros son los que más odiamos en las otras personas. De esta manera nos vemos incitados a eliminarlos en nosotros mismos.

Todos nosotros somos sanadores y, con nuestro amor y compasión, estamos en circunstancias para ayudar a aquellas personas que realmente quieren sanar. Busque el conflicto espiritual del paciente que se esconde tras la enfermedad, déle el remedio que le ayudará a superar ese defecto y todas las esperanzas y estímulos que le pueda entregar, y la fuerza curativa en él hará el resto.

Capítulo 12. Los remedios.

ACHICORIA   Timidez/Amor.

¿Pertenece usted a ese grupo de personas que añoran servir al mundo? ¿A ese grupo que desea ardientemente dirigirse hacia los hombres con los brazos abiertos y bendecirlos? ¿A esas personas que quieren ayudar y consolar a los otros pero que, por algún motivo, se ven impedidas por las circunstancias o por otras personas? ¿Se da cuenta de que es dominado por unas pocas personas en lugar de servir a muchas otras, de tal manera que sus posibilidades de dar tanto de sí, tal y como usted desea, se ven muy limitadas? ¿Alcanza usted esa fase crítica cuando se da cuenta de que todas las personas cuentan con usted pero ninguno de manera especialmente fuerte?

En este caso, la maravillosa y azul achicoria que crece en los campos de cereales le ayudará a alcanzar su libertad, la libertad que tan necesaria es para todos nosotros antes de poder servir al mundo.

MÍMULO   Miedo/Compasión.

¿Pertenece usted a ese grupo de personas que son miedosas? ¿Pertenece a aquellos que tienen miedo de la gente o de las circunstancias de la vida? ¿Es de esos que van por la vida valientemente pero que, sin embargo, el miedo les quita la alegría de vivir? ¿Tienen miedo de cosas que jamás ocurren; de personas que, en realidad, no tienen ningún poder sobre usted; del futuro y de lo que él traerá consigo; miedo de caer enfermo o de perder la alegría; miedo de los convencionalismos o de otros cientos de cosas?

¿Desea luchar por su libertad pero, sin embargo, no tiene el valor de liberarse de las cadenas? Si ése es el caso, el mímulo que crece en las orillas de los ríos cristalinos le devolverá la libertad de amar su vida y usted aprenderá a tener el sentimiento de compasión más tierno para con las otras personas.

AGRIMONIA   Intranquilidad/Paz.

¿Es usted de aquellos que sufren perturbación de sentimientos, de aquellos cuya alma no encuentra la paz pero que, sin embargo, se abandieran como la víctima del mundo ocultando su tormento a sus semejantes, y que ríen, sonríen y hacen chistes ayudando a las otras personas a sentirse alegres mientras usted mismo padece? ¿Quiere combatir sus preocupaciones tomando alcohol y drogas para ser capaz de afrontar las difíciles pruebas de su vida? ¿Cree que en la vida necesita algo que le estimule para poder seguir adelante?

Si ése es el caso, la maravillosa agrimonia que crece en los bordes de los caminos y en las praderas, con sus flores con forma de torre de iglesia y sus semillas acampanadas, le aportará la paz y el entendimiento. La lección de esta planta reside en el hecho de que hace que usted sea capaz de conservar la paz en presencia de todas las pruebas y dificultades con las que se encontrará en la vida, hasta que ya nadie sea capaz de poder apartarle de esa paz.

SCLERANTHUS   Indecisión/Estabilidad.

¿Pertenece usted a ese grupo de personas a las que le resulta difícil tomar decisiones, formarse una opinión de algo cuando en usted mismo aparecen pensamientos contradictorios que le impiden decidirse por un camino? ¿Es capaz esa indecisión de bloquearle el camino y retrasar sus progresos? ¿A veces le parece correcta una cosa y, un momento después, otra distinta?

Si ése es el caso, usted debe aprender a actuar espontáneamente en circunstancias desafiantes, a desarrollar una opinión correcta y permanecer fiel a ella. En esas circunstancias ayuda ese pequeño y verde ovillo de un año que crece en los campos de cereal.

CLEMÁTIDE   Indiferencia/Bondad.

¿Es usted una de esas personas que creen que la vida no es particularmente interesante; de ese grupo que, al levantarse, desean no tener que enfrentarse de nuevo a otro día más; de aquellos que creen que la vida es tan difícil, tan dura y tan amarga que no hay nada que merezca la pena y piensan que podrían volver a dormirse, ya que no compensa el esfuerzo de hacer un intento? ¿Tienen sus ojos esa mirada que denota que usted no pertenece a este mundo, que todavía está en sus sueños y que encuentran sus sueños mucho más hermosos que la vida misma? ¿Están a menudo sus pensamientos con otra persona que ya ha abandonado este mundo? Si usted tiene ese sentimiento, aprenda a "mantenerse cuando no exista en usted nada más aparte de la voluntad que le ordena resistir" Con eso ha alcanzado una gran victoria.

La maravillosa planta, que adorna nuestros setos ahí donde el suelo está desnudo, la clemátide, cuyas semillas, que recuerdan a plumas, sólo desean ser arrastradas por el viento para así poder renacer de nuevo en cualquier sitio le ayudará a re encontrarse con la realidad, a enfrentarse con su vida, a encontrar su trabajo y le devolverá la alegría a su vida.

CENTAURA   Debilidad/Fuerza.

¿Es usted de esas personas que es utilizada por todo el mundo porque posee ese buen corazón que le impide decir que no a cualquier cosa? ¿Cede con tal de mantener la paz, en lugar de hacer lo que considera correcto porque, simplemente, no quiere luchar? ¿Pertenece usted a ese grupo de personas que tienen buenas intenciones pero que son pasivamente utilizadas, en lugar de elegir activamente su trabajo? Aquellos que han sido utilizados habrán recorrido un gran trecho del camino del servicio al prójimo una vez que hayan podido comprender que deben ser un poco más positivos en su vida.

La centaura, que crece en nuestras praderas, le ayudará a encontrar su verdadero yo, de tal manera que usted pueda actuar con iniciativa y positivamente en lugar de dejarse utilizar desde una actitud pasiva.

GENCIANA   Duda/Entendimiento.

¿Pertenece usted a ese grupo de personas con grandes ideales que tienen la esperanza de hacer algo bueno? ¿Es usted de aquellos que se desilusionan si no consiguen alcanzar rápidamente su meta? ¿Si logra su objetivo, es presa de un estado de ánimo eufórico, mientras que cuando aparecen dificultades se deprimen rápidamente?

Si ése es el caso, entonces la pequeña y amarga genciana, que crece en las praderas de nuestras colinas, le ayudará a permanecer fiel a su objetivo y a ser optimista, aun cuando las cosas se pongan difíciles. Esta planta le mantendrá siempre animado y le ayudará a tomar conciencia de que no existen fallos cuando se hace lo mejor que se puede, lo que también siempre parece ser el resultado más obvio.

VERBENA   Entusiasmo exagerado/Tolerancia.

¿Está usted en ese grupo que es presa de un entusiasmo exacerbado? ¿A esas personas que añoran llevar a cabo algo maravilloso y que desean hacer todo en un momento? ¿Le resulta difícil elaborar pacientemente su plan porque quiere tener rápidamente los resultados en sus manos? ¿Comprueba su entusiasmo conduce a que, se comporte de una manera rígida con otras personas? ¿Quiere que los otros vean las cosas igual que las ve usted? ¿Intenta imponer a los otros su propia opinión y se muestra impaciente cuando no le obedecen?

Si ése es el caso, usted tiene en su poder el convertirse al mismo tiempo en una personalidad dirigente y en un maestro para los otros. La verbena, esa pequeña planta con florecillas malvas que crece en los setos, le ayudará a conseguir esas cualidades que usted necesita. Ella le otorgará bondad para con sus semejantes y tolerancia frente a las opiniones de los otros. Le permitirá tomar conciencia de que los grandes objetivos de la vida se alcanzan suave y tranquilamente, sin tensión ni estrés

IMPACIENCIA   Impaciencia/Perdón.

¿Pertenece usted a esas personas que, en lo más profundo de sí mismos, saben que tienen una tendencia hacia la crueldad? ¿Cuándo lucha y se siente importunado y molestado, le resulta difícil no enfadarse?

¿Permanece en usted el deseo de utilizar la fuerza para imponer su opinión a otros? ¿Es impaciente, consiguiendo esa a veces que Usted se convierta en una persona cruel? ¿Tiene su personalidad rasgos de un inquisidor?

Si ése fuera el caso, aspire a lograr la bondad y el perdón, y esa pequeña flor de color malva, esa balsámica portadora de glándulas que crece en las orillas de los ríos de la región del Valais, le traerá la bendición ayudándole durante su camino.

CERATOSTIGMA   Ignorancia/Sabiduría.

¿Es usted de aquellos que tienen la sensación de sentirse sabios? ¿De aquellos que opinan que podrían ser un dirigente o un filósofo de sus semejantes? ¿Opina que en usted mismo reside el poder de aconsejar a sus semejantes cuando éstos tienen dificultades, de poder suavizar su preocupación y de poderles ayudar siempre en sus problemas? ¿Si embargo, y a causa de una falta de confianza en sí mismo, no se encuentra en situación de lograrlo, quizás porque atiende demasiado a la voz de los demás y presta mucha atención a los convencionalismos del mundo? ¿Se da cuenta de que es precisamente esa falta de confianza en sí mismos, esa ignorancia sobre su propia sabiduría y su propia persona, lo que le conduce a la tentación de seguir de manera excesivamente rígida los consejos de los demás?

En ese caso, la ceratostigma le ayudará a encontrar su individualidad, su personalidad, liberándose de influencias externas, lo que le pondrá en situación de utilizar su enorme sabiduría para el bienestar de la humanidad.

HELIÁNTEMO   Temor/Valor.

¿Pertenece usted a ese grupo de personas que viven en una continua y profunda desesperación y temor? ¿Pertenece a aquellos que creen no poder soportar más? ¿A los que temen lo que ocurrirá: la muerte, el suicidio, la locura o cualquier terrible enfermedad? ¿O, quizás, tiene miedo de confrontarse con la desesperanza de las circunstancias de la vida material?

Si eso es así, aprenda a permanecer fuerte y a luchar por su libertad aun en circunstancias de grandes dificultades. La maravillosa, pequeña y amarilla flor del heliántemo le proporcionará el valor para alcanzar su objetivo.

VIOLETA DE AGUA   Padecimiento/Alegría.

¿Se encuentra usted entre esas grandes almas que se esfuerza por servir a sus semejantes valientemente y sin protestar; que se afanan por llevar su padecimiento tranquilamente y sin resignarse que no admiten que su pesar influya en su trabajo diario? ¿Ha sufrido pérdidas importantes o ha vivido tiempos difíciles y, sin embargo, ha continuado viviendo tranquilamente? Si eso es así, entonces esa maravillosa flor acuática que se mueve libremente por la superficie de nuestros claros ríos le ayudará a percibir que, a través de su padecimiento, ha depurado y desarrollado un gran ideal que le ayudará a servir a sus semejantes aun cuando le hiera a usted mismo, a aprender a estar solo en este mundo y a lograr la gran alegría de la completa libertad, haciendo por ello un acabado servicio a la Humanidad. Y sólo con que eso se haga por una vez realidad, ya no supone sacrificio alguno, sino la maravillosa alegría de ayudar bajo todas las circunstancias. Además, esta pequeña planta le ayudará a comprender que todo lo que usted siempre ha considerado como cruel y triste sirve, en realidad, al bienestar de aquellos que usted compadece

Todos nosotros podemos hacernos con el valor necesario y conservar un corazón valiente ya que Dios nos ha puesto en este mundo para un objetivo aún mayor.

Él quiere que sepamos que somos sus hijos y que reconozcamos nuestra propia divinidad. Él desea que seamos perfectos, sanos y felices. Él pretende que sepamos que, a través de su amor, podemos conseguir todo, y nos recuerda que cuando lo olvidamos, entonces padecemos y pasamos a ser infelices. Él quiere que la vida de cada uno de nosotros esté llena de alegría, salud y un completo amor y servicio al prójimo, tal y como Cristo nos enseñó: "Mi yugo y mi carga son ligeros".

Estos remedios pueden ser elaborados por productores homeopáticos. También uno mismo los puede elaborar siguiendo los pasos que se describen a continuación:

- Coja una fuente de cristal no muy honda y llénela con agua de río o, preferentemente, de una fuente. Introduzca suficientes flores de la planta deseada, de manera que la superficie esté cubierta. Deje la fuente bajo el sol el tiempo necesario hasta que las flores comiencen a marchitarse. Saque cuidadosamente las flores y reparta el agua en botellas, mezclándola con la misma cantidad de coñac para su conservación.

- Una sola gota es suficiente para preparar 0,2 litros (200 ml), con agua (dilución en agua de la solución stock o madre de arriba), de la que se tomarán las dosis necesarias utilizando como medida una cucharilla.

Los Remedios Florales — *Edward Bach*

- La dosis debería ser medida en la forma que el paciente considere necesaria; para casos agudos tomar cada hora; en casos crónicos, tres o cuatro veces al día, hasta que se perciba una mejora y el paciente pueda prescindir del remedio.
- Y no olvidemos que siempre debemos agradecer a Dios que haya hecho crecer todas esas plantas medicinales para nuestra curación.

LOS REMEDIOS FLORALES Y SUS INDICADORES.

(Publicado en Epsom*, 1933) *Este artículo apareció probablemente en The Neuropathic Journal.

Seguramente, la fuerza curativa de estas plantas nos resulta familiar a muchos de nosotros que ya hemos empleado los siguientes remedios. Los resultados que se han alcanzado con ellos ha superado ampliamente nuestras expectativas. Cientos de esos llamados casos incurables han sanado y han recuperado la felicidad.

Estos remedios se prescriben en función del estado anímico del paciente, ignorándose por completo la enfermedad física que padece el cuerpo.

Los doce indicadores son los siguientes:

1. Atormentado — Agrimonia
2. Temor — Heliántemo
3. Miedo — Mímulo
4. Indiferencia — Clemátide
5. Dolor — Impaciencia
6. Indecisión — Scleranthus
7. El entusiasta — Verbena
8. Falta de valor — Genciana
9. El que es pisado por todos — Centaura
10. El loco — Cerostigma
11. Aflicción — Violeta de agua
12. Bloqueo — Achicoria

Esencialmente existen 12 tipos principales de personalidad, de las cuales cada una puede manifestarse de manera positiva o negativa.

Estos tipos diferentes de personalidad nos indicarán el signo del Zodiaco en el que se encontraba la Luna en el momento del nacimiento. Un estudio de estos signos zodiacales nos aporta los siguientes conocimientos:

1. Tipo de personalidad.
2. El objetivo y la obra de su vida.
3. El (los) remedio(s) que le apoyarán en la realización del trabajo de su vida.

Como sanadores, nos ocupamos únicamente de las manifestaciones negativas de estos doce tipos de personalidad.

El secreto de la vida reside en ser honrados y sinceros en relación con nuestra personalidad y en no sufrir la intromisión de influencias externas.

Averiguamos nuestra personalidad en función de la posición de la Luna en el momento de nuestro nacimiento, pero los astrólogos le otorgan un valor exagerado a los planetas, ya que, si podemos ser fieles a nuestra personalidad y honrados frente a nosotros mismos, no tenemos que temer influencia planetaria o externa alguna. Los remedios nos apoyan a mantener nuestra personalidad.

Sólo en los estadios más tempranos del desarrollo resultamos influenciados o dominados directamente por uno o más planetas. Si logramos desarrollar por una vez el amor y, más concretamente, el profundo amor al prójimo, entonces nos liberamos de la influencia de nuestras estrellas, perdemos los hilos del destino, convirtiéndonos en el capitán de nuestro propio barco, sea para mejor o para peor.

Lo que Hahnemann, Culpepper y otros grandes buscadores querían encontrar es la reacción mundial, espiritual, la que muestran esos doce tipos de personalidad, así como los remedios que pertenecen a cada tipo.

Tenemos doce remedios. Qué sencillo es entonces ordenarlos con gran exactitud y explicarles a nuestros pacientes el motivo de su desarmonía, de su discordia interior, de su enfermedad, para poder ponerlos de nuevo en armonía con lo infinito de su alma y restablecer su salud corporal e intelectual.

La sanación se completa en siete pasos,
que se desarrollan en el siguiente orden:
- Paz. - Esperanza. - Alegría. - Confianza. - Seguridad. - Sabiduría. - Amor.

Cuando el paciente se encuentre lleno de amor, no de amor por sí mismo, sino de amor por el universo, entonces habrá dado la espalda a lo que llamamos enfermedad.

Las personas <u>clemátida</u> son indiferentes y no poseen un interés especial en la vida: son apáticas y no se esfuerzan realmente por recuperarse de la enfermedad o por concentrarse en el trabajo diario. A menudo les gusta dormir mucho y poseen una mirada hasta cierto punto ajena al mundo.

Las personas <u>agrimonia</u> están atormentadas internamente por la preocupación y el miedo, aun cuando externamente se comportan valerosamente para ocultar su tensión. Con frecuencia beben bastante o tomen drogas para poder soportar el estrés.

Los Remedios Florales   *Edward Bach*

Las persona scleranthus están invadidas por la indecisión. En su vida diaria les resulta muy difícil el poder tomar una decisión y, en caso de enfermedad, no están seguras de lo que quieren, considerando que algo es correcto por un momento y al instante siguiente opinan lo contrario.

Los ceratostigma son los locos. Deberían ser profesores inteligentes, pero parece que prestan demasiada atención a las opiniones de los otros, dejándose influenciar fácilmente por circunstancias externas.

Impaciencia es el dolor de un tipo de personalidad que viene provocado porque un canal por el que normalmente circulan la luz y la verdad espiritual está bloqueado. En el origen de este estado se observa a menudo una cierta dosis de crueldad.

Los centaura son los que se dejan pisar por los demás. Parece que les falta cualquier poder de individualidad o de capacidad para negarse a ser utilizados por todos. No luchan por recuperar su libertad.

La violeta de agua es el padecimiento, concretamente la aflicción, que sufren las grandes almas, que llevan valientemente y sin rechistar la carga de este sufrimiento con valor y resignación, sin molestar a los otros con ello y sin permitir que influya en la obra de su vida.

El mímulo es el miedo total. Estas personas hacen el débil intento de enfrentarse a sus perseguidores pero parecen estar como hipnotizadas soportando su miedo con calma y sin oponer resistencia. En general, siempre encuentran alguna disculpa para su comportamiento.

La verbena es el entusiasta. Aquí nos encontramos con aquellas que se esfuerzan demasiado por alcanzar sus ideales, hiriéndose ellas mismas en ese intento. Se trata de personas que poseen elevadas metas, pero que, en lugar de ejercitar la paciencia y la benevolencia, lo hacen con energía y prisas. Son personas que han hecho ya suficientes progresos como para poder reconocer que los grandes ideales sólo se alcanzan sin estrés y sin prisas.

La achicoria son las personas que quieren servir y en las cuales el amor ya se encuentra bien desarrollado, permitiendo que las influencias externas impidan la evolución libre de su amor, por lo que se encuentran paralizadas tanto espiritual como físicamente.

La genciana es el desánimo. Aquí se trata de nuevo de personas a las que les gusta hacer muchas cosas pero que, sin embargo, permiten que la duda o la depresión les influya cuando aparecen las dificultades. A menudo desean fervientemente salirse con la suya en lugar de considerar las cosa desde una perspectiva más amplia.

El heliántemo es el temor. El temor frente a algo más grande que las cosas materiales. El temor frente a la muerte, el propio suicidio o las fuerzas sobrenaturales. Aquí se trata de personas que luchan por su propia libertad espiritual.

Si ahora pensamos en las doce cualidades de Cristo que aspiramos a conseguir y que él nos quiere enseñar, encontraremos las doce grandes lecciones de la vida.

Aunque debemos aprender todas esas lecciones, concentrémonos en una determinada. Esta lección viene fijada por la posición de la Luna en el momento de nuestro nacimiento, indicándonos cuál es la meta principal de nuestra vida.

Remedio	Cualidad a desarrollar	Error
Agrimonia	Tranquilidad	Atormentado
Scleranthus	Perseverancia	Indecisión
Verbena	Tolerancia	El entusiasta
Clemátide	Bondad	Indiferencia
Achicoria	Amor	Estancamiento
Genciana	Comprensión	Ausencia de valor
Violeta de agua	Alegría	Padecimiento
Centaura	Poder	Se deja pisar por todos
Impaciencia	Perdón	Dolor
Cerostigma	Sabiduría	El loco
Heliántemo	Valor	Temor
Mímulo	Compasión	Miedo

Frascos con estos remedios pueden obtenerse de los antiguos fabricantes de productos homeopáticos, aunque también pueden ser elaborados por uno mismo, tal y como se describe a continuación.

Coja un delgado recipiente de cristal y llénelo de agua clara de un río o, preferentemente, de una fuente. Deposite suficientes unidades florales de la planta en cuestión hasta que la superficie del agua quede totalmente cubierta. Deje el recipiente en un lugar soleado hasta que las flores comiencen a marchitarse. A continuación extraiga cuidadosamente las flores del agua añadiendo la misma cantidad de coñac para su conservación.

Una única gota basta para preparar una botella de 0,2 litros de agua (200 mililitros), de la cual se tomará la dosis necesaria usando como dosificador una cucharilla.

La dosis debe ser medida teniendo en cuenta las necesidades del paciente; en casos agudos, hay que suministrarlas cada hora; en casos crónicos, tres o cuatro veces al día hasta que se observe una mejora y el paciente pueda seguir adelante sin el remedio.

La clemátide, la alegría del caminante, decora nuestros setos allí donde el suelo es calizo. La agrimonia y la verbena las encontramos en los bordes de los caminos. La achicoria y el scleranthus en los campos de cereal. La centaura, genciana y el heliántemo en las praderas. El mímulo y la impaciencia crecen en las proximidades de Crichowell, en una cuantas millas más allá de Abergavenny, aunque también se encuentran en otros condados de Inglaterra. La cerastostigma no crece silvestre en Gran Bretaña, pero existen estas plantas en los jardines de Pleasaunce, Overstrand, Norfolk y en el Kew Gardens. La violeta de agua se encuentra en nuestros claros y maravillosos ríos.

Queremos glorificar siempre a Dios por haber hecho crecer en las praderas todas esa plantas medicinales que posibilitan nuestra curación.

LOS DOCE GRANDES REMEDIOS Y ALGUNOS EJEMPLOS DE SU USO Y PRESCRIPCIÓN
(Febrero 1933).

Los doce remedios con los que he trabajado en los últimos cinco años han revelado éxitos curativos tan prodigiosos y logrado curar tantas enfermedades de las denominadas incurables, incluso en casos en los que ha fracasado el tratamiento homeopático, que me preocupa explicar su aplicación de la forma más sencilla posible, de manera que incluso un laico en la materia pueda aplicarlos. Los remedios nunca desencadenan por sí mismos reacciones fuertes, ya que jamás provocan daños, independientemente de las cantidades en que se ingieran; y tampoco se producen efectos negativos cuando se administra el remedio correcto sí se consigue un efecto curativo

Ninguna de las plantas de las que he extraído estos remedios es venenosa. Todas son benefactoras; por eso no hay que tener ningún miedo a utilizarlas.

El principio es el siguiente: hay doce estados espirituales, y cada uno de esos estados se corresponde con una planta curativa. Da lo mismo si la enfermedad es extremadamente grave o si se trata sólo de un ligero resfriado; el hecho de que dure unas cuantas horas o muchos años no juega ningún papel. Lo único decisivo para la selección del remedio adecuado es el estado espiritual.

Los estados espirituales y los remedios correspondientes son los siguientes:

1. En casos de emergencia, de gran peligro, ante el terror, el miedo o las depresiones, así como en todos los casos de emergencia en que la situación parece desesperada, adminístrese heliántemo.
2. Para el miedo que no sea tan fuerte como el terror, adminístrese mímulo.
3. Cuando el paciente esté intranquilo, medroso y atormentado, déle agrimonia-
4. Cuando el paciente esté indeciso, cuando nada parezca lo adecuado, cuando parece que unas veces necesita una cosa y otras la otra, déle scleranthus.
5. Si el paciente está soñoliento, obnubilado, desganado, ausente, indiferente, y no hace ningún esfuerzo por recuperar la salud, no mostrando la menor alegría por la vida, e incluso en determinados casos anhelando la muerte, adminístrese clemátide.
6. Para la autocompasión, cuando el paciente se siente maltratado y tiene la sensación de no merecer su padecimiento, adminístrese achicoria.
7. El paciente al que le gustaría hacer tonterías, que no tiene la suficiente confianza en sí mismo para decidirse y escucha por ello el consejo de cualquiera, que prueba cualquier tratamiento posible que le proponen, necesita ceratostigma.
8. Aquel paciente que está desalentado, que tiene éxito pero que siempre ve únicamente el lado negativo de las cosas y está deprimido, necesita genciana.
9. Las voluntades fuertes que son difíciles de tratar porque siempre saben todo mejor y actúan según sus propias ideas, necesitan verbena.
10. Para dolores fuertes, para el impulso de sanar lo más deprisa posible y para la impaciencia con los congéneres, adminístrese impaciencia.
11. A los pacientes tranquilos y valientes, que no se quejan nunca, que no quieren intranquilizar a los demás por su enfermedad e intentan recuperar la salud por sus propias fuerzas, puede ayudarles la violeta de agua.
12. A aquellos que están débiles, pálidos y sin vigor, que se sienten totalmente agotados y cansados, puede ayudarles la centaura.

Los remedios se dosifican de la siguiente manera: tómense dos o tres gotas de la farmacia de remedios y échense en un frasquito de boticario normal, rellénese con agua, agítese bien y adminístrese el remedio en cucharaditas de té hasta la dosis requerida. En casos muy graves, cada cuarto de hora; en casos graves, cada hora, y en casos normales, tres o cuatro veces al día. En casos de pérdida de la conciencia, pueden humedecerse los labios del paciente con el remedio.

Si el estado del paciente mejora, con frecuencia es necesario cambiar de remedio, al igual que cambia su estado espiritual. En algunos casos pueden llegar a ser necesarias hasta media docena de diferentes plantas curativas.

Tomemos un ejemplo:

Un hombre de 35 años lleva cinco semanas afectado de reumatismo fuerte. Cuando lo examiné por primera vez, casi todas las articulaciones de su cuerpo estaban inflamadas e hinchadas. Sufría grandes dolores y tenía un gran miedo. El paciente estaba muy enfermo y parecía estar cercano al límite en que no podría soportar el dolor.

En las primeras veinte horas ingirió agrimonia cada hora, hasta que se apreció una notable mejoría y desaparecieron el dolor y la inflamación en todas las articulaciones, excepto en una articulación del hombro. El paciente se tranquilizó y su preocupación fue mucho menor. Continuó tomando agrimonia seis horas más hasta que pudo conciliar el sueño durante 4 horas seguidas. Cuando despertó, los dolores habían cesado. La siguiente etapa estuvo caracterizada por el miedo, miedo de que retornase el dolor, miedo de moverse para evitar que los dolores se instalasen de nuevo en sus articulaciones. En este estadio se prescribió mímulo, y al día siguiente el paciente pudo incorporarse, vestirse y afeitarse solo. A pesar del éxito curativo, el paciente se sentía sin ánimo y derrotado. Tomó genciana, y al tercer día volvía a estar completamente recuperado, yendo al cine y a la cantina del pueblo.

En otros casos sólo se necesita un único remedio, como en el ejemplo siguiente:

A una joven de 18 años se le habían extirpado seis meses antes algunos quistes de gran tamaño en la glándula tiroides. Los quistes se regeneraron, y se le explicó que tenía que esperar hasta que fueran lo suficientemente grandes para operar de nuevo. Se trataba de una mujer delicada y menuda del tipo soñador, que no se preocupaba demasiado de su estado. Le prescribí clemátide, 3 veces al día durante una semana, con lo que los quistes desaparecieron completamente, y hasta la fecha, tres meses después, no existe ningún indicio de que se hayan regenerado, no siendo necesario seguir tomando el remedio.

Una paciente sufría reumatismo agudo desde hacía dos años. Durante ese tiempo estuvo constantemente ingresada en clínicas. Cuando la examiné por primera vez, tenía las manos rígidas y grandes dolores, los tobillos eran de un tamaño doble del normal y la paciente apenas podía andar. Además, tenía dolores en los hombros, en la nuca y en la espalda. La paciente era una mujer marcadamente afable, tranquila y valiente, que había soportado su enfermedad con una admirable paciencia y valentía. En este caso, lo más indicado era a todas luces la violeta de agua, y la paciente estuvo tomando el remedio durante 2 semanas, tiempo durante el cual pudo constatarse una lenta mejoría. Después, vino una gran fase de ligera auto-compasión, que pudo superarse utilizando achicoria. Al cabo de 4 semanas, la paciente podía andar dos millas pero se sentía cada vez más insegura, por lo que se prescribió esclerantus. Más tarde, siguió una fase de ligera impaciencia, en la que deseaba poder volver a hacer todo lo que hacía antes, por lo que resultaba indicada la impaciencia. Al cabo de 8 semanas, la paciente era capaz de andar 4 millas y utilizar normalmente sus manos. Ya no tenía dolores y, excepción hecha de una insignificante rigidez e hinchazón del tobillo derecho, se hallaba completamente curada.

Una paciente de unos 40 años sufrió durante tres semanas dolores poco localizados en el vientre. Las glándulas situadas en la región inguinal, bajo las axilas y en la nuca, se habían hinchado rápidamente. El reconocimiento registró una fuerte hinchazón de las glándulas del vientre, y el análisis de sangre indicó una leucemia linfática aguda. Naturalmente, el pronóstico era extremadamente grave. La paciente se daba cuenta de que tenía una enfermedad maligna. Le entró el pánico y secretamente pensó que lo más sencillo sería cometer un suicidio. Estuvo tomando heliántemo unos días, lo que hizo que remitieran los dolores del vientre y la inflamación de las glándulas. Acto seguido cambió la postura vital de la paciente y la mejoría le dio nuevos ánimos. El miedo a la muerte había desaparecido, si bien secretamente temía que su estado era demasiado bueno para ser cierto, de ahí que estuviera 2 semanas tomando mímulo. Posteriormente, el estado de la paciente fue normal, y desde hace seis meses vuelve a sentirse completamente restablecida.

Un campesino sufría parálisis cervical que hacía que llevara la cabeza siempre inclinada hacia delante. Además, tenía debilitados los músculos oculares y los de la boca. Como era un hombre marcadamente voluntarioso, continuó asistiendo a su trabajo como de costumbre, negándose durante meses a someterse a un tratamiento. La verbena produjo su total curación en aproximadamente dos semanas.

Una paciente de unos 40 años sufrió asma en su infancia. Todos los inviernos se veía obligada a guardar cama aproximadamente 4 meses. Le habían puesto ya una cantidad increíble de inyecciones de adrenalina y se había sometido a todos los tratamientos de asma imaginables, sin conseguir una mejoría. Como muchos asmáticos, sufría la tos ferina y otras enfermedades de las vías respiratorias. Su enfermedad era un terrible tormento. La reconocí en diciembre de 1930 por primera vez, y a finales de enero de 1931 la enfermedad se había curado totalmente con ayuda de la agrimonia. El invierno de 1933 sufrió una ligera recaída, que pudo controlarse fácilmente. La paciente no tuvo que guardar cama. Desde entonces no se ha constatado ningún otro indicio de la enfermedad.

LOS DOCE REMEDIOS Y CUATRO REMEDIOS MENORES
(1933)[*]

A todos los que están enfermos les diría lo siguiente: la enfermedad no habría podido conseguir nunca el poder que posee hoy día si el hombre no hubiera olvidado la protección natural contra la enfermedad, las plantas medicinales de las praderas. Además no hay ninguna enfermedad que pueda resistir el poder curativo de la planta adecuada si el paciente tiene el deseo sincero de sanar de nuevo. Realmente, la enfermedad no puede resistir a la planta medicinal correcta, como no puede hacerlo la oscuridad cuando las ventanas están abiertas de par en par y la luz del sol entra a raudales.

Hemos pagado un alto precio por haber olvidado la ciencia curativa de la naturaleza, y lo hemos pagado en forma de infinidad de enfermedades que existen hoy día. Pero la naturaleza aguarda con paciencia, y lo único que necesitamos es volver a ella para encontrar el alivio a nuestros males.

Desde tiempos inmemoriales, el hombre ha sabido que las plantas de la naturaleza podían curar sus enfermedades, y a través de los siglos hemos guardado en la memoria los nombres de quienes disponían de la verdadera ciencia de la curación por las plantas.

Hemos tenido que padecer sólo porque hemos sustituido la ciencia curativa de la naturaleza por la del hombre, y ahora debemos regresar a ella para vernos libres de nuestras pesadas tareas. En presencia del saber curativo de la naturaleza, la enfermedad no tiene poder alguno. Todo miedo, toda depresión y toda desesperanza pueden eliminarse. No existe ninguna enfermedad que no pueda curarse.

En este capítulo se describirán las doce plantas medicinales que poseen el poder de curar toda clase de enfermedades.

Como plantas curativas de la naturaleza que son, tratan nuestra naturaleza. No importa que esté enferma nuestra mano, nuestro pie, nuestra cabeza o cualquier otra parte de nuestro cuerpo, ni tampoco importa la enfermedad que padezcamos. La enfermedad sólo nos puede afectar cuando en nuestra naturaleza hay algún desarreglo. Y esa discordancia es corregida por la planta medicinal, por lo que no sólo cura nuestro cuerpo, sino que nos hace más sanos y felices en todos los sentidos y traen la alegría a nuestras vidas.

Para encontrar las plantas medicinales que necesitamos, no tenemos que pensar ni un solo instante en la enfermedad que padecemos, ni siquiera en si es grave o leve, o si nos afecta desde hace unas horas o desde hace muchos años. Todo lo que tenemos que hacer es detectar qué es lo que no funciona en nuestra naturaleza y tomar la planta medicinal que se corresponde con ese estado de ánimo.

Nuestros desarreglos se manifiestan en uno o varios de los doce estados de ánimo, y, de acuerdo con el estado de ánimo instantáneo, podremos elegir el remedio necesario.

No podemos estar enfermos sin perder la armonía con nuestra auténtica naturaleza. Pero sea cual sea el estado que se oculta tras nuestro problema, sea cual sea el error que se esconde en nuestro ser, carece de importancia. Porque estos remedios nos ayudarán a corregir el error, y de esta manera no curarán sólo la causa de nuestra enfermedad, sino que también nos prestarán su ayuda para restablecer nuestra salud física y mental.

Estos remedios hacen brotar un estado de conjunto armónico, y a menudo nos hacen recuperar la alegría vital, nos liberan de nuestras preocupaciones y nuestros miedos: un estado que nunca antes habíamos conocido.

Como ya se han mencionado, los errores de nuestro ser se expresan mediante doce estados de ánimo diferentes, existiendo para cada uno de ellos la correspondiente planta curativa que puede restablecer nuestra salud.

Los doce estados de ánimo son los siguientes:

Debilidad	Indecisión	Desaliento
Desesperación	Indiferencia	Entusiasmo
Miedo	Desasosiego	Impaciencia
Tormento	Duda de sí mismo	Distanciamiento

A continuación sigue una explicación algo más detallada de estos estados de ánimo y su relación con los nombres de los distintos remedios.

CENTAURA - - - - - Debilidad.   (Erythraea centaurium).

Da fuerza. La debilidad después de la enfermedad: pálido, laso, cansado, sin energías, desmadejado, extenuado. La vitalidad está agotada. Aquellos que anhelan la paz a cualquier precio. Incluso cuando están enfermos, muestran una excesiva disposición a ayudar a los demás, y en su esfuerzo se agotan y se gastan. A menudo poseen un espíritu despierto, pero el cuerpo es débil, demasiado débil para realizar grandes esfuerzos. Debido a su carácter bondadoso, son modestos, sumisos y fácilmente impresionables.

HELIANTEMO - - - - - Desesperación.   (Helianthemum vulgaris).

---

* El primer capítulo del texto *Los doce remedios*, se publicó por primera vez en el mismo año, pero en fecha anterior, cuando Bach se encontraba en Marlow. El mismo financió la impresión.

Es el remedio de los casos de emergencia. En casos de emergencia y ante peligros, así como en todas las situaciones desesperadas. Siempre que en la vida acecha algún peligro. Cuando el paciente tiene miedo o es presa del pánico. En casos en los que parece no haber esperanza alguna. Cuando nuestro espíritu se ve acechado por el peligro o cuando el paciente juega con la idea del suicidio o cuando amenaza volverse loco; o en una crisis nerviosa, ante el miedo a la muerte o en caso de depresión profunda.

MÍMULO - - - - - Miedo.   (Mimulus luteus).

El medio para vencer cualquier miedo. El miedo a la enfermedad, a los accidentes o a los peligros desconocidos. El miedo a las personas, a los familiares, a los extraños, a las multitudes, al ruido, a la murmuración o a la desconfianza de los demás o a la soledad. Miedo a la humedad, al frío, al calor o a la oscuridad. Estas personas tienen miedo de que su enfermedad conlleve complicaciones o de que sea incurable.

AGRIMONIA - - - - -Tormento.   (Agrimonia eupatoria).

Este remedio aporta alivio a todo aquel que padece tormentos físicos o espirituales. Les da paz. El remedio para los desasosegados, los cargados de preocupaciones, los medrosos y los atormentados por una inquietud interna. Para todos aquellos que no pueden encontrar la tranquilidad y la paz espiritual. Existe una pléyade de personas que padecen estos males, que a menudo ocultan su tormento interior tras una falsa sonrisa y una serenidad fingida. Con frecuencia, de puertas afuera parecen ser los hombres más felices y contentos del mundo. Muchos de ellos se refugian en el alcohol o las drogas, estimulantes que les ayudan a seguir luchando. Hacen todo lo posible por evitar cargar a los demás con problemas. Enmascaran sus problemas incluso ante una enfermedad grave. Son personas valientes, y la agrimonia les ayudará.

SCLERANTHUS - - - - -Indecisión.   (Scleranthus annuus).

Para quienes no pueden decidir qué es lo que quieren. Primero les parece correcta una cosa y luego otra. Sus deseos y sus síntomas corporales parecen desaparecer con tanta rapidez como habían aparecido. Cuando tienen fiebre, la temperatura les fluctúa mucho. Son indecisos y no pueden adoptar decisiones rápidas o concretas, y las que se adoptan cambian a toda velocidad. Sus movimientos son inseguros e incontrolados, así como su paso. Sus estados de ánimo fluctúan desde dar saltos de júbilo hasta el desconsuelo más fatal. En la conversación, saltan rápidamente de un tema a otro.

CLEMÁTIDE - - - - -Indiferencia.   (Clematis vitalba).

El remedio contra todos los estados de somnolencia, obnubilación y desgana. Cuando el paciente pierde el interés y no hace ningún esfuerzo para volver a sanar. Parece indiferente a todo lo que pasa. Ya no puede entusiasmarse por nada. Cuando se habla con estas personas, sólo escuchan a medias. A menudo son personas absortas en meditaciones, ausentes, apáticas y abismadas en sus ideas. Tal vez piensen demasiado en una persona que han perdido o sueñan con objetivos que, sin embargo, no llegan a realizar. Parecen contentos, pero no despiertos del todo, y viven felices en sus sueños e ideales. En general, son tranquilos y delicados, pero en su vida no pueden encontrar suficiente alegría. No viven en el presente. Se desmayan con frecuencia y, cuando están inconscientes, es suficiente con humedecerles los labios con el remedio.

ACHICORIA - - - - -Desasosiego.   (Cichorium intybus).

Cuando estas personas están enfermas, se preocupan mucho por los demás, por sus hijos, amigos y familiares. Se preocupan de si los demás tienen demasiado calor, demasiado frío, de si los demás no son felices y no disfrutan la vida. Son exagerados en sus esfuerzos por satisfacer a los demás. Les preguntan por sus deseos y necesidades. Este estado inhibe la paz interna del paciente y le pone constantemente en tensión. A veces, los pacientes se compadecen de sí mismos. Tienen la sensación de no haberse ganado su enfermedad. Se sienten desatendidos y víctimas del abuso de los demás. Con frecuencia, tienen un buen semblante, aunque estén enfermos. Pertenecen a la clase de personas cuya apariencia externa sana impide que se les tenga compasión.

CERATOSTIGMA - - - - -Duda de sí mismo.   (Ceratostigma willmottiana).

El remedio para quienes se dejan influir con mucha facilidad. Para los que no tienen confianza en sí mismos y se confían demasiado al consejo ajeno. Escuchan primero un consejo y acto seguido prestan oídos al siguiente. La consecuencia de la falta de auto estima es que admiran demasiado a quienes defienden opiniones fijas, y confían demasiado en él. Esto les lleva a meterse con facilidad en dificultades. Cuando están enfermos, se encuentran bastantes seguros de que un tratamiento les va a ayudar, hasta que tienen noticias de otro distinto. Se someten a un tratamiento tras otro, dependiendo de quién les haya dado el último consejo. Hacen casi todo, sin pensar que sea bueno o malo par ellos, sólo con que el argumento sea un poco convincente. No confían en su propia capacidad de juicio. En vez de seguir sus propios deseos y necesidades, la mayoría de las veces se orientan por lo que otros piensan o por lo que otros les han aconsejado. Las ideas y opiniones de los demás son para ellos exageradamente importantes, lo que les hurta su propia personalidad. Siempre encuentran algún tipo de excusa para todo lo que hacen.

GENCIANA - - - - -Desaliento.   (Gentiana amarella).

El remedio para quienes están vacilantes o desalentados. Ven siempre el lado negro de la vida y son pesimistas en la re convalecencia, cuando creen que su enfermedad se ha estacionado. Son personas con éxito, pero tienden al desaliento y dudan de sus progresos. Este remedio ayuda a quienes tienen la sensación de que las dificultades que se les avecinan son insuperables, y pierden temporalmente el valor. En ese estado, lo único que necesitan es un poco de aliento, y este remedio puede ofrecérselo, ayudándoles a estar mejor.

VERBENA - - - -Entusiasmo.   (Verbena officinalis).

El remedio para los fuertes de voluntad. Para quienes son fuertes de espíritu y tienden a agotarse tanto física como espiritualmente. Se niegan a encajar una derrota, y siguen luchando cuando los demás hace ya tiempo que han abandonado. Siguen su propio camino. Tienen ideas fijas, y están muy seguros de saber qué es lo que está bien. Pueden negarse casi como posesos a seguir un tratamiento hasta que su estado les obligue a ello. Se dejan arrastrar por su entusiasmo, causándose a sí mismos un gran estrés. Tienden en todos los terrenos a la seriedad exagerada y a la tensión. Para ellos, la vida es un asunto penoso. Tienen sus propias opiniones fijas, y a veces pueden convencer a otros de su punto de vista, no estando abiertos a las opiniones de los demás.

Les disgusta tener que escuchar el consejo de los demás. Con mucha frecuencia, tienen grandes ideales y metas para el bien de la humanidad.

IMPACIENCIA - - - - -Impaciencia.   (Impatiens royalei).

El remedio para todos los casos en que está presente la impaciencia. La impaciencia consigo mismo, el deseo de precipitar las cosas, de arreglarlas con rapidez, de hacer todo a la vez y volver a estar de nuevo arriba. La impaciencia con los demás, la irritabilidad por las pequeñeces. A estas personas les resulta difícil refrenar su temperamento. No saben esperar. Este estado de ánimo se haya muy extendido, y a menudo es un buen síntoma durante la convalecencia. La tranquilidad que aporta este remedio acelera el proceso de curación. En caso de dolores fuertes, es frecuente que se presente una gran impaciencia, por lo que el remedio 'impaciencia' es de gran valor en estos casos, en que se trata de aliviar los dolores y tranquilizar al paciente.

VIOLETA DE AGUA - - - - -Distanciamiento.   (Hottonia palustris).

A menudo, estas personas poseen una gran belleza física y espiritual. Son afables, tranquilos y muy cultivados; controlan con maestría su destino y viven con serena resolución y seguridad. Les gusta estar solos. Cuando están enfermos son un poco orgullosos y distantes, lo que repercute sobre ellos mismos. Incluso en este caso son muy valientes e intentan luchar por salir adelante por sí solos, de conseguirlo sin ayuda de nadie, y no tratan de atemorizar o suponer una carga para los demás. De hecho, son almas valientes que parecen conocer cuál es su misión en la vida y que la cumplen con serena y decidida voluntad. No es frecuente que establezcan fuertes vínculos ni siquiera con las personas más cercanas. Los infortunios y la enfermedad la sopor tan con tranquilidad y valentía, sin quejarse.

LOS CUATRO REMEDIOS MENORES.

Pudiera ser que determinados casos parecieran no corresponder a ninguno de los doce remedios. Aparentemente, estos pacientes se habrían acostumbrado hasta tal punto a su enfermedad que la habrían hecho parte de sí mismos. Es difícil reconocer su propia esencia, puesto que se han adaptado a la enfermedad y han orientado su vida en función de ella, en lugar de someterse a un trata miento. Se han resignado, y contemplan su enfermedad como algo ineludible, en lugar de estar decididos a vencerla, y han adaptado su vida a la enfermedad.

Estas personas han perdido mucho de su individualidad y de su personalidad. Necesitan ayuda para encontrar una salida al callejón sin salida en el que se han metido, antes de que se pueda des cubrir cuál de los doce remedios necesitan.

Sin embargo, en realidad éstos no son casos desesperados, y para ellos hay cuatro remedios menores. Estos cuatro remedios menores liberarán a los pacientes de su estado de estancamiento y restablecerán finalmente el estado de actividad. Se recuperará la individualidad, ya que se podrá encontrar cuál de los doce remedios es el que se necesita para volver a sanar completamente.

Hay personas que dicen lo siguiente: "Padezco esta enfermedad desde que era niño y no puedo verme esperar verme libre de ella." O llevan tanto tiempo enfermos que han llegado a pensar que no hay nada que se pueda hacer por ellos. O, quizás, se cuenten entre las personas que consideran el mal humos o los resfriados crónicos, o cualquier otra enfermedad crónica, como parte integrante de su naturaleza. Se acepta, efectivamente, como parte de su personalidad, en especial con determinados estados de ánimo, como irritabilidad, nerviosismo o inhibición, y realmente no son conscientes de que se trata de su propio Yo. Y, sin embargo, para todos esos pacientes hay esperanza de mejoría; basta con que lo deseen.

Con los defectos de carácter o las debilidades corporales, la resignación sólo puede superarse si existe el deseo de curación, y en ese caso los cuatro remedios nos liberan de dicho estado, llevándonos a una disposición de ánimo que se halla al mismo nivel de los doce remedios. No obstante, hay una condición previa a toda curación: que el paciente tenga el deseo de sanar.

Existen cuatro tipo de personalidad en las personas que han perdido las esperanzas, aunque no sean conscientes de ello, ya que, como se ha dicho, consideran el estado anormal de su espíritu o de su cuerpo como parte integrante de su carácter. Tal vez, esto sea más apropiado decirlo de las posturas vitales anímicas que de las mermas corporales, como se desprende de las explicaciones dadas para los remedios de brezo y agua de roca.

AULAGA - - - - -(Ulex europaeus).

Estos pacientes dicen: "Lo he intentado todo, y no tiene sentido seguir intentándolo. No hay nada que pueda curarme."

Han dejado de intentarlo, se han rendido a su enfermedad y ya ni siquiera se quejan. Afirman que les han dicho que no se puede hacer nada por ellos y que para ellos no hay ningún remedio médico. Incluso si se someten a un tratamiento, piensan que después de haber estado tantos meses o tantos años enfermos no pueden esperar que una mejoría pueda durar demasiado.

La razón de su resignación estriba en que, debido a un miedo, o temor, o tormento interno, han cedido a toda esperanza y han dejado de porfiar en pos de la curación. Pero con el efecto del remedio aulaga aún puede conseguirse una mejoría en todos estos casos, una mejoría que supera todo lo esperado. Después, puede suceder que resulte necesaria agrimonia o mímulo para lograr la curación completa.

La aulaga es para aquellas personas que han sufrido mucho y han perdido el ánimo de seguir intentándolo.

Las personas que necesitan el remedio de la aulaga están por lo general pálidas, y con frecuencia tienen grandes ojeras.

Dan la impresión de que necesitaran más luz del sol en sus vidas para disipar las nubes que los envuelven.

Los capullos de la aulaga deberían recogerse justo antes de que florezcan del todo y expandan su aroma: Naturalmente, esto depende de la estación del año, pero probablemente podremos recolectar los capullos a mediados de abril.

ROBLE Albar - - - - -(Quercus pedunculata).

El roble es adecuado para tipos de personalidad de quienes a pesar de que no tienen la menor esperanza de curarse, siguen luchando y están muy furiosos por hallarse enfermos.

Estas personas llevan muchos años sufriendo enfermedades físicas, y, aunque apenas tienen ya alguna esperanza respecto a su estado de salud, siguen luchando a pesar de todo.

Están furiosos por no poder sanar, y enojados por estar enfermos, porque producen dificultades a los demás y no pueden aportar su contribución a los deberes cotidianos. Están exasperados porque no pueden cumplir sus misiones en la vida y se tienen por unos fracasados.

Estos pacientes no echan nunca la culpa a los demás, sino que cargan ellos mismos con toda la responsabilidad.

Las enfermedades de estos tipos característicos de personalidad se manifiestan allí donde han perdido el equilibrio, tanto desde el punto de vista psíquico como físico; desde el punto de vista psíquico, en forma de graves crisis nerviosas o en forma de perturbación mental, que pueden describirse como totalmente desequilibradas (es decir, en situaciones de gran pérdida del control). Y lo mismo puede decirse del estado físico, donde el paciente pierde el control de determinadas partes del cuerpo o funciones corporales.

Los pequeños y delicados peciolos del roble (oak) deberían recogerse cuando ya han florecido. También en este caso, depende del tiempo, pero probablemente podrán recolectarse a principios o mediados de mayo.

BREZO - - - - -(Calluna vulgaris).

Es característico de las personas que pertenecen al tipo de personalidad del brezo el hecho de que se irritan por problemas de sus semejantes; no por los auténticos grandes problemas de la vi da, sino por las dificultades de la vida cotidiana.

Les gusta preocuparse de personas que están en dificultades, llegando casi a imponerles su ayuda. Se enfurecen mucho cuando los demás no aceptan su consejo a pesar de que piensen que sería por su bien.

Tratan por todos los medios a su alcance de convencer a los demás de su opinión, llegando incluso a obligarles a hacer lo que ellos consideran correcto.

Su intención es realmente muy buena, y sus juicios, por lo general, resultan fundados, pero se someten a sí mismos a tensión en el deseo de estimular a las personas cercanas.

Es un estado de preocupación exagerada por la prosperidad de amigos y familiares, unida al deseo de tener que corregirlos.

Este estado de ánimo se ha convertido hasta tal punto en parte de su ser que se considera una peculiaridad de su personalidad.

Por lo general, estas personas padecen dolencias de corazón, palpitaciones, cefaleas palpitantes, alteraciones digestivas y otras enfermedades que son causadas, por ejemplo, por la fuerte excitación y los exagerados esfuerzos de ser una ayuda para los demás en sus deberes cotidianos

Con gran frecuencia, sus enfermedades no son especialmente graves hasta alcanzar la edad madura, pero padecen un considerable malestar y deterioro de su vida cotidiana, causados por continuos dolores sin importancia. De la misma forma, tienden a tener miedo de sí mismos a la menor dificultad.

Les gusta ver que alguien depende de ellos, y le sacan placer a la sensación de ser útiles y de poder ayudar a los demás en sus dificultades.

Tienen una fuerte confianza en sí mismos, y no les faltan dotes, de manera que nunca dudan de su capacidad de poder dar a los demás consejos y apoyo.

A menudo, estas personas tienen buena constitución y son de tez vigorosa, tienen un cuerpo enérgico, están llenos de energía y actividad y se agotan a sí mismos en sus esfuerzos por ayudar a los demás.

El remedio del brezo puede mejorar su estado de salud, mitigar sus angustias y quitarles la exagerada preocupación que tienen por su prójimo.

En el caso del brezo, no deberíamos recoger las flores de la especie roja, sino de las maravillosas, delicadas y diminutas flores rosas del brezo que florece en agosto y septiembre en las monta ñas galesas y escocesas. La esencia del brezo debería elaborarse al mediodía; por el contrario, todas las restantes esencias que se mencionan en este libro deberían extraerse por la mañana.

AGUA DE ROCA.

Estas personas poseen altos ideales y defienden una opinión fija sobre religión, política o reformas.

Tienen buenas intenciones y quieren cambiar el mundo para mejorarlo; sin embargo, limitan sus esfuerzos a la crítica en lugar de servir de modelo a los demás.

Reconocen que su pensamiento y gran parte de su vida está gobernada por sus teorías.

Son siempre muy infelices cuando no consiguen convertir a los demás a sus ideas.

Quieren conformar el mundo a su imagen y semejanza, en lugar de prestar con tranquilidad y sosiego su modesta contribución al grandioso plan de la creación.

Este remedio les da paz y comprensión, les ensancha sus horizontes y les ayuda a reconocer que cada uno tiene que alcanzar la plenitud a su manera, y que más vale "estar" que "hacer", de forma que nuestro Yo es un reflejo del gran plan, y que no tratamos de poner en primer plano nuestras propias ideas.

Este remedio nos enseña que como mejor se ayuda a los demás es precediéndoles con el buen ejemplo y ayudándoles a reconocer la verdad, pero no mediante duros métodos inquisitoriales.

El remedio agua de roca nos ayuda también a no seguir enjuiciando a los demás, y nos hacer ver que tenemos que permitir a todo el mundo tener sus propias experiencias y encontrar la salvación de su propia alma.

Agua de roca. Se sabe desde hace mucho tiempo que determinadas aguas de fuentes y manantiales tienen el poder de curar a un determinado número de personas, y dichas fuentes y manantiales han llegado a hacerse famosos por sus cualidades curativas. Aquí puede utilizarse cualquier fuente o manantial que se haya hecho famosa por sus propiedades curativas y que haya permanecido en ese estado. Este remedio no debe exponerse demasiado tiempo a la luz solar. Es suficiente con ponerlo al sol aproximadamente una hora.

LOS DOCE REMEDIOS Y LOS SIETE REMEDIOS MENORES.
(1934).

Desde tiempos inmemoriales, se sabe que el secreto de la curación de las enfermedades se encuentra en las plantas medicinales de la naturaleza. De ahí que diga a todos los que están enfermos: la enfermedad nunca habría podido obtener el poder que tiene actualmente si el hombre no hubiera olvidado la protección natural contra la enfermedad: las plantas medicinales. Además para aquellos que realmente deseen sanar no existe ninguna enfermedad que pueda resistirse al poder del remedio que se esconde en la planta adecuada.

Actualmente, la enfermedad no puede ofrecer resistencia a la planta medicinal correcta, al igual que sucede con la oscuridad en una habitación cuando se abre la ventana para permitir la entrada de la luz del sol.

Pero el precio que hemos pagado por haber olvidado la curación por la naturaleza es demasiado alto, y se refleja en multitud de enfermedades que existen en la actualidad. Pero la naturaleza aguarda con paciencia, y nosotros tenemos que volver a ella para encontrar el alivio a nuestros males.

Hemos tenido que padecer sólo porque hemos sustituido la ciencia curativa de la naturaleza por la del hombre. Ahora debemos regresar a la naturaleza para librarnos de nuestras pesadas tareas.

En presencia de la naturaleza, la enfermedad no tiene poder alguno. Todo miedo, toda depresión y toda desesperanza pueden eliminarse. No existe auténticamente ninguna enfermedad que sea incurable.

En este capítulo se describen 19 plantas medicinales a las que la Divina Providencia dotó de poderes curativos, de forma que para aquellos que tienen el auténtico deseo de sanar no existe ninguna enfermedad desesperada. Doce de estas plantas medicinales actúan con enfermedades que se encuentran en un estado de desarrollo incipiente o que no existen desde hace mucho tiempo. Se denominan los doce remedios. Además, existen otras siete plantas medicinales para aquellos que se encuentran enfermos desde hace algunas semanas o meses, o incluso años. Estas plantas curativas se llaman los siete remedios menores.

Todo el mundo sabe que cuando estamos enfermos sufrimos otros estado de ánimo distintos de los habituales. Estos estados de ánimo son los que nos guían al remedio necesario. Son una pista muy valiosa porque, si interpretamos correctamente los síntomas que permiten predecir la inminencia de una enfermedad, pueden evitarse muchas enfermedades. Además, infinidad de personas que llevan mucho tiempo enfermas pueden sanar si ingieren las plantas medicinales adecuadas. También en este caso podemos reconocer la planta curativa que necesitan por el estado de ánimo en que se encuentran durante su padecimiento. Todo el mundo sabe, por ejemplo, que el dolor tiene efectos bien diferentes de una persona a otra. Algunos se asustan, otros se deprimen, y por último hay quienes están de mal humor. A unos les gusta que les dejen en paz, otros quieren que se preocupen por ellos, y los más están de buen talante a pesar de su padecimiento. Este estado de ánimo no nos indica sólo que los pacientes sufren, sino también cuál es el remedio que se necesita para una curación efectiva.

Si curamos el estado de ánimo y no la enfermedad, estamos tratando la auténtica dimensión del hombre y estamos dando al paciente lo que realmente necesita para restablecer su salud.

En la práctica cotidiana, estos remedios demuestran ser eficaces incluso ante dolencias insignificantes como cansancio, dolor de cabeza, depresión, nerviosismo y otras muchas; y si eliminamos estos primeros síntomas y tratamos las dolencias insignificantes, estamos velando por mantener nuestra buena salud, protegiéndonos de la enfermedad. Porque ya sabemos que las personas, antes de que se manifieste una enfermedad grave, pueden pasar muchos meses no sintiéndose bien del todo. Si pudiéramos ser tratados en ese preciso momento, podríamos ahorrarnos todos los padecimientos que nos acechan.

Para recalcarlo una vez más: como toda madre sabe, puede suceder que el niño venga de la escuela y que ella se dé cuenta de que no se encuentra en sus horas más altas. La madre dice: "No se siente bien. Tiene algún malestar." Resulta mucho mejor tratar ese estado inmediatamente, para que el niño esté otra vez sano y fuerte al día siguiente, y no esperar uno o dos días hasta ver lo que pasa.

Todo el que disponga de buenas dotes de observación será capaz de reconocer muy pronto que en todos aquellos que no se encuentran bien del todo puede detectarse una alteración de su estado de ánimo. Si se prescribe el remedio correcto en concordancia con esta alteración del estado de ánimo, la enfermedad se curará con más rapidez de la normal, pudiendo restablecerse el estado de salud del paciente.

No importa en absoluto la enfermedad de que se trate; sólo hay que tratar el estado de ánimo.

Existen 12 estados de ánimo diferentes, y cada uno se corresponde con una planta medicinal. Por esta razón, no resulta difícil decidir cuál de los remedios es el que se necesita.

LOS DOCE REMEDIOS

A continuación vienen los nombres de los doce remedios y del estado de ánimo correspondiente, que nos da una pista sobre el remedio necesario.

Heliántemo.

Cuando el paciente tiene miedo extremo, o para casos de enfermedades repentinas, o cuando un estado es tan serio que produce pánico a sus semejantes. En todos los casos de emergencia o en caso de peligro, adminístrese este remedio incluso cuando además sea necesario utilizar algún otro.

Mímulo.

Cuando el paciente está tranquilo pero siente un miedo interior extremo.

Agrimonia.

Para aquellos que están de buen humor e intentan no hacer un esfuerzo demasiado elevado en su enfermedad, a pesar de que están enfermos.

Sclerantus.

Para aquellos que le resulta muy difícil decidir qué es lo que quieren y les cuesta mucho formar se una opinión de lo que desearían. Andan probando una cosa detrás de otra. Tienen la sensación de querer dos o tres cosas al mismo tiempo, pero no pueden decidirse por una de ellas.

Clemátide.

Cuando el paciente está soñoliento u obnubilado y ausente. Cuando está indeciso y parece estar muy lejos.

Genciana.

Para las depresiones. Cuando el paciente tiene la sensación de que todo se va al traste, o cuando duda de poder volver a sanar.

Achicoria.

Para aquellos que se irritan por pequeñeces o que necesitan demasiada atención y dedicación.

Centaura.

Para los débiles y agotados, a los que no les quedan energías. Son tranquilos y a menudo muy apocados.

Ceratostigma.

Para los que no parecen dedicar un interés especialmente grande a la vida, que no poseen una gran confianza en sí mismos, ni una conciencia personal demasiado elevada. Buscan siempre consejo de los demás, pero no lo siguen, y nunca tienen la sensación de que les hayan dado la respuesta correcta. Con demasiada frecuencia quieren hacer cosas que parecen estúpidas.

Verbena.

Para los recalcitrantes y fuertes de voluntad. Rechazan los consejos de los demás y resulta difícil ayudarles. Cuando están enfermos, siguen porfiando después de que los demás han abandona do hace tiempo.

Impaciencia.

Para los susceptibles, gruñones, malhumorados e impacientes.

Violeta de agua.

Para los que gustan de estar solos, quizás para estar a solas consigo mismos y tener su paz y tranquilidad.

A veces se necesita más de un remedio, ya que pueden presentarse más de un estado de ánimo a la vez. Una persona puede estar nerviosa y deprimida. En ese caso hay que darle ambos remedios, o incluso más, cuando parezcan aconsejables tres o cuatro. Los remedios se pueden mezclar. En el transcurso de una enfermedad pueden variar de cuando en cuando los estados de ánimo, pero siempre se administrará el remedio que corresponde al estado espiritual de ese momento. Con frecuencia, el cambio de ánimo es un signo de curación. Todo el mundo sabe que después de una larga enfermedad, da igual cual sea, nos alegra ver que el paciente se intranquiliza. Entonces decimos que pronto se pondrá mejor.

No existe ningún peligro de que estos remedios resulten perjudiciales para la salud en forma alguna. Todos los remedios se han extraído de plantas medicinales puras prodigiosas que no perjudican a nadie y que sólo pueden hacer el bien.

Al final del capítulo se describe la forma de tomar los remedios y su dosificación.

LOS SIETE REMEDIOS MENORES

A continuación vamos a ocuparnos de las enfermedades crónicas.

Cuando, a pesar de haber tomado el remedio adecuado de entre los doce mencionados, no se constata ninguna mejoría, pueden ayudarnos otros siete remedios menores. Porque cuando una enfermedad existe desde hace mucho tiempo, está fuertemente enraizada en nosotros y es posible que necesite una ayuda antes de que pueda responder tranquilamente a un remedio determinado. Por eso, a estos 7 remedios se los denomina los siete remedios auxiliares.

Cuando en un paciente no se nota ninguna mejoría a pesar de haber sido tratado con el remedio adecuado, resulta indicado el tratamiento con uno de los siete remedios auxiliares.

Primero hay que observar si el paciente está pálido o si tiene un buen semblante.

Si está pálido, se necesita olivo, aulaga o roble albar.

Cuando el semblante presenta buen color, se dará al paciente vid, brezo o agua de roca.

El séptimo remedio menor, la avena silvestre, puede necesitarlo cualquier persona cuando el remedio que parece ser el correcto entre los doce remedios o los seis remedios menores restantes no ha mostrado ningún efecto; en tales casos, se puede intentar otra vez con la avena silvestre.

Cuando el paciente está pálido están indicados los tres remedios menores siguientes:

Olivo.

Para quienes están pálidos y agotados, quizás tras épocas de gran preocupación, grave enfermedad, penas o larga pugna interna. En todo caso, se hallan muy agotados y tienen la sensación de no tener más energías para ulteriores esfuerzos. Por el momento no saben cómo deben seguir actuando. Para ellos la vida cotidiana significa trabajo duro y carente de todo placer. Pudiera ser que necesitaran mucho la ayuda de otra persona. Algunos pacientes presentan la piel muy seca y arrugada.

Aulaga.

Para personas que piensan que son un caso sin remedio. Lo han intentado todo y creen que no hay nada más que se pueda hacer por ellos. Se han resignado a su enfermedad y no hacen ya ningún esfuerzo por sanar.

Por lo general, tienen el semblante amarillento, y con bastante frecuencia presentan ojeras.

Roble albar.

Para los que luchan con todas sus fuerzas para volver a sanar. Están disgustados con su enfermedad porque les impide hacer su trabajo diario, y aunque creen que no existen grandes esperanzas de recuperar la salud, intentan todo cuanto está a su poder para recuperarlas y volver a ser útiles.

Para quienes tienen un buen color de cara, son indicados los siguientes remedios:

Vid.

Para aquellos que son algo muy especial. Están tan seguros de saber qué es lo correcto, tanto respecto de sí mismos como respecto a los demás, y de cómo deberían hacerse las cosas, que son críticos y pedantes. Quieren hacer todo a su manera y dan instrucciones a quienes les ayudan. Aun estando enfermos, dan órdenes a sus semejantes. Incluso en ese estado son difíciles de contentar.

Brezo.

Para la gente de gran estatura, vigorosa, de buena constitución, que son sociables y cordiales. Se preocupan mucho por los detalles de su dolencia y tienen la sensación de que cualquier pequeñez tiene importancia. Por lo general, no han tenido nunca una enfermedad grave, e incluso una dolencia insignificante les parece muy seria.

Agua de roca.

Para los que son demasiado severos consigo mismos y se privan de muchas alegrías y placeres de la vida. Dejan todo lo que creen que les perjudica, sin importar lo dependientes que sean de ello. Y soportan todo cuando creen que les hace bien. Tienen gran valor y se someten a cualquier tratamiento cuando están convencidos de que les será de ayuda.

Son severos maestros, no para los demás, sino para consigo mismos, y por ello pierden gran parte de su alegría de vivir.

Avena silvestre.

Es un remedio que cualquiera puede necesitarlo; al igual que puede ser necesario en casos en los que las restantes soluciones no producen ningún efecto, o cuando parece difícil decidir qué remedio hay que prescribir. En estos casos debería intentarse con este recurso por lo menos durante una semana.

Si a los pacientes les va mejor, hay que continuar dándoles el remedio hasta que se produzca una mejora de su estado de salud, para pasar después a utilizar otro recurso.

Cuando digo que estos remedios pueden curar cualquier enfermedad, encontrándonos en los tiempos en que nos encontramos, habría que añadir que sólo en aquellas personas que quieren sanar realmente, puesto que en las circunstancias actuales una enfermedad, con frecuencia ofrece al paciente ventajas que en realidad no le gustaría perder.

Tal vez la enfermedad le aporte compasión o atención, o le exima de tener que acudir al trabajo o pudiera ser que su enfermedad sea un medio de eludir un deber desagradable, o que le aporte un beneficio económico, como una pensión, una indemnización, etcétera.

En algunos casos es comprensible que haya personas que prefieran aferrarse a una minusvalía o una enfermedad antes que perder las ventajas que sacan de ellas.

INSTRUCCIONES

Instrucciones para el uso de los remedios.

Tómese una taza de agua y añádanse tres o cuatro gotas del frasquito de boticario que contiene el remedio, mezclándolo bien. Cuando el líquido se haya reposado, puede tirarse y mezclarse de nuevo; o si se prefiere guardarlo todavía un rato más, añádanse dos cucharaditas de coñac. No tiene ninguna importancia dosificar con toda exactitud las cantidades, ya que ninguno de estos remedios puede producir el menor perjuicio para la salud, aunque se ingieran en grandes cantidades; sin embargo, dado que basta con una pequeña cantidad del remedio, es más que suficiente preparar pequeñas cantidades.

A los niños hay que darles una cucharadita del remedio, y para los mayores basta con una cucharilla de café. En casos graves, una vez cada hora, y en enfermedades crónicas normales, aproximadamente cada dos o tres horas, repartiendo las tomas durante todo el día, o con mayor frecuencia si el paciente tiene la sensación de que le ayuda tomar el remedio a intervalos más cortos. cuando se produce la mejoría, ya no es necesario administrar la dosis con la misma frecuencia.

Si el paciente está inconsciente, basta humedecerle los labios con el remedio, y si estuviera además muy pálido, hay que darle heliántemo y clemátide; o heliántemo y vid, si tiene buen color de cara.

A los primeros síntomas de enfermedad, o cuando ésta se inicia, antes de probar con otro remedio hay que administrar el que se había elegido seis o siete horas antes, incluso cuando no se observe ninguna mejora. Pero, en casos de enfermedad crónica, hay que intentarlo al menos durante cuatro ó cinco días con el mismo remedio. Si se produce una mejora concreta, el paciente debería seguir tomando el remedio hasta que su estado mejore sensiblemente.

Para quienes quieran fabricarse ellos mismos los remedios, voy a describir el método de fabricación, así como la denominación inglesa y el nombre botánico de las plantas, junto con su lugar de procedencia.

Métodos de fabricación.

Los remedios deberían prepararse cerca del lugar donde crece la planta, ya que las flores deberían utilizarse inmediatamente después de ser recogidas.

Hay que utilizar una bandeja de cristal fino llena de agua clara, preferentemente de un manantial limpio o de un río. Se cubre la superficie de agua con las flores de la planta, para lo que hay que recoger el número de flores necesario para que no se monten unas encima de las otras. Después, se deja la bandeja expuesta a la luz directa del Sol hasta que las flores comiencen a marchitarse.

La espera puede durar aproximadamente de dos a siete horas, dependiendo de la planta y la fuerza del Sol. Más tarde se extraen las flores con cuidado.

A continuación, se echa el agua de la bandeja en botellas, llenándolas hasta la mitad. La mitad restante se rellena con coñac, para conservar el remedio. Estas son las botellas de reserva que pueden conservarse sin límite de tiempo, y que pueden utilizarse de igual forma que los frascos que venden en las farmacias.

Las denominaciones inglesas y los nombres botánicos de cada unos de los remedios son los siguientes:

Rock Rose	Helianthemun Vulgar	Heliántemo.
Mimulus	Mimulus Luteus	Mímulo.
Agrimony	Agrimonia Eupatoria	Agrimonia.
Scleranthus	Scleranthus Annuus	Scleranto.
Clematis	Clematis Vitalba	Clemátide.
Gentian	Gentiana Amarella	Genciana.
Chicory	Cichorium Intybus	Achicoria.
Centaury	Erythraea Centaurium	Centaura.
Cerato	Ceratostigma Willmottiana	Ceratostigma.
Vervain	Verbena Officinalis.	Verbena.

Los Remedios Florales   *Edward Bach*

Impatiens	Impatiens Royalei	Impaciencia.
Water Violet	Hottonia palustris	Violeta de Agua.
Olive	Olea Europaea	Oliva
Gorse	Ulex Europaeus	Aulaga.
Oak	Quercus Pedunculata	Roble albar.
Vine	Vitis Vinifera	Vid.
Heather	Calluna Vulgaris	Brezo.
Rock Water		
Wild Oat	Bromus Asper	Avena silvestre.

Estas plantas florecen predominantemente en los meses de julio, agosto y septiembre, a excepción de las siguientes, que florecen en el mes que se indica:

                                Abril: Aulaga.
                                Mayo: Olivo, vid y roble.
                                Junio: Violeta de agua y avena silvestre.

A continuación encontrará algunas indicaciones sobre los lugares en que puede encontrar las plantas. En algunos países existe bibliografía sobre botánica local, que puede utilizar como guía de campo, ya que son libros que, por lo general, dan indicaciones precisas de los lugares.

    - - El heliántemo y la genciana crecen en praderas de colinas suaves.
    - - El mímulo es comparativamente escaso, pero crece en las márgenes de pantanos y ríos, donde el agua es clara.
    - - La clemátide adorna setos y suelos calcáreos.
    - - La achicoria crece en campos de cereales y en suelos cultivados. Los agricultores la plantan a menudo.
    - - La centaura crece en campos, setos y praderas.
    - - El ceratostigma es muy raro actualmente.
    - - La verbena crece en los márgenes de los caminos y en setos.
    - - La impaciencia no es original de Inglaterra, pero crece en abundancia en las orillas de algunos ríos galeses. Esta
      - planta tiene flores de diversos colores, y sólo deberían recolectarse las de suave color malva.
    - - La violeta de agua es comparativamente escasa, pero se encuentra en algunos arroyos y ríos cristalinos de agua
      - reposadas.
    - - El olivo crece en Italia y en otros países.
    - - La aulaga es bien conocida de todos. Las flores de la aulaga deberían recogerse justo antes de que se abran
      - completamente y esparzan su aroma.
    - - Roble. Los pequeños y estilizados pedúnculos de esta planta deberían recogerse cuando han florecido
      - completamente.
    - - La vid crece en Italia, Suiza y otros países.
    - - Brezo. No debería recolectarse el brezo rojo, sino las maravillosas, delicadas y diminutas flores rosas de la especia
      - que prospera en las montañas galesas y escocesas.
    - - Agua de roca. Se conoce de antiguo que las aguas de algunas fuentes y manantiales tienen el poder de curar a las personas, y esas fuentes y manantiales se han hecho famosas por sus propiedades. Para ello puede utilizarse cualquier fuente o manantial que se haya hecho famoso por su poder curativo y que se haya mantenido en su estado natural. Este remedio no debe exponerse mucho tiempo a la luz solar; aproximadamente una hora es suficiente.
    - - La avena silvestre crece en setos y en los bosques.

Este sistema de curación permite que cada cual pueda elaborar los remedios, siempre que quiera buscar él mismo las plantas y obtenerlos a partir de ellas.

Si observan a las personas, podrán constatar que todo enfermo puede clasificarse en uno o varios de los tipos descritos, de manera que se le puede prescribir el remedio correspondiente.

Es imposible enumerar la cantidad de personas que se han librado en última instancia de una enfermedad, ni el número de ellas que se han curado con ayuda de estas maravillosas plantas medicinales naturales de las montañas, pradera y valles que están dotadas de un poder curativo divino.

Llevemos siempre en nuestros corazones la alegría y el agradecimiento, porque el Creador de todas las Cosas nos ha regalado en su Amor las plantas que crecen en los campos, para nuestra curación.

LA HISTORIA DEL CAMINANTE. UNA ALEGORÍA DE LOS REMEDIOS

(1934).

Érase una vez hace ya mucho tiempo que dieciséis caminantes se dispusieron a hacer un viaje a través del bosque.

Al principio iba todo bien, pero después de que hubieran recorrido un buen trayecto comenzó uno de ellos, la agrimonia, a preocuparse de si habían escogido el camino correcto o no. Más tarde, después de comer, cuando iba oscureciendo cada vez más, el mímulo tuvo miedo de que hubieran perdido el camino. Cuando se puso el sol y la oscuridad era cada vez mayor, comenzando ya a oírse los ruidos nocturnos del bosque, tuvo el heliántemo miedo y fue presa del pánico. En medio de la noche, cuando todo se había vuelto totalmente oscuro, la aulaga perdió todas sus esperanzas y dijo: "No puedo seguir. Continuad vosotros, yo prefiero quedarme aquí, donde estoy hasta que la muerte me libere de mi padecimiento."

Por otra parte, el roble, aun habiendo perdido todas las esperanzas y creyendo no volver a ver más la luz del sol, manifestó: "Lucharé hasta el último momento", y continuó luchando denodadamente.

El scleranthus poseía todavía una ligera esperanza pero, a veces, era presa de una inseguridad e indecisión tan grande que en un momento quería tomar un camino y, al mismo tiempo también deseaba tomar otro diferente. La clemátide común caminaba despacio y pacientemente, sin preocuparse demasiado sobre si caería en el sueño eterno o lograría salir del bosque. A veces, la genciana animaba un poco a los otros pero, en otras ocasiones, volvía a ser presa de la desesperación y de la depresión.

Los otros caminantes no tuvieron jamás miedo de no lograrlo y quisieron ayudar a su manera a sus acompañantes.

El brezo estaba totalmente seguro de conocer el camino y quiso que todos los demás le siguieran a él. A la achicoria no le preocupaba el final que pudiera tener esa excursión, pero sí el estado en que se encontraban sus acompañantes: si les dolían los pies, si estaban cansados o si tenían comida suficiente. La ceratostigma no tenía especialmente una gran confianza en su capacidad de enjuiciamiento y quería probar cada camino para poder estar segura de no ir en la dirección falsa. La humilde y pequeña centaura quería aligerar tanto la carga que estaba dispuesta a llevar el equipaje de los otros. Desgraciadamente, y por regla general, se suele llevar la carga de aquellos que se encuentran en la mejor situación para llevarla ellos mismos, ya que éstos son siempre los que más se quejan.

El agua de roca estaba totalmente entusiasmada por ayudar, pero deprimía un poco al grupo porque criticaba todo lo que ellos hacían mal y conocían el camino. La verbena también conocía el camino muy bien, aunque estaba un poco confusa y se explayó en detalles acerca de cuál era el único camino correcto que conducía fuera del bosque. También la impaciencia conocía muy bien el camino de regreso a casa, lo conocía tan bien que era muy impaciente con aquellos que caminaban más despacio que ella. La violeta de agua ya había recorrido el trayecto una vez y conocía el camino correcto, adoptando una actitud orgullosa y altanera porque los otros no lo conocían. Para ella, los otros eran inferiores.

Finalmente, todos lograron salir ilesos del bosque. Ahora viven como guían para todos aquellos caminantes que nunca han hecho ese viaje y, como conocen la oscuridad y el camino a través del bosque, acompañan a los caminantes en calidad de "valientes caballeros". Cada uno de los 16 acompañantes aporta los ejemplos necesarios enseñando, al mismo tiempo y a su manera, la lección correspondiente que de ello se deriva.

La agrimonia camina totalmente despreocupada y hace chistes sobre cualquier cosa. El mímulo jaspeado ya no conoce el miedo. El heliántemo común mismo es un ejemplo de serenidad en la más plena oscuridad. La aulaga relata a los caminantes durante la noche los progresos que harán cuando el sol se levante de nuevo la mañana siguiente.

El roble permanece inamovible en medio de la tormenta más fuerte. Los ojos de la clemátide están radiantes de alegría al acercarse el final del viaje. Ya no hay dificultad o revés que pueda desanimar a la genciana.

El brezo ha comprobado que cada caminante debe recorrer su propio camino y marchar tranquilamente por delante para mostrar que eso es posible. La achicoria, que siempre ha esperado poder tender una mano a aquel que lo necesita, lo hace ahora sólo cuando se lo piden y de forma sosegada. La ceratostigma conoce perfectamente los estrechos senderos que no conducen a ninguna parte, y la centaura menor sigue buscando al más débil, que lleva la carga más pesada.

El agua de roca ha olvidado hacer reproches a los demás y ahora ocupa todo su tiempo en darles ánimos. La verbena ya no echa sermones, sino que indica tranquilamente el camino. La impaciencia ya no conoce la prisa, sino que camina lentamente tras el último para mantener con él el ritmo. Y la violeta de agua, más ángel que persona, roza como un cálido soplo de viento o un fabuloso rayo de sol a todo el grupo, bendiciendo a cada uno de ellos.

UN NUEVO MÉTODO CURATIVO

(Conferencia de Wallingford, con motivo del 50 aniversario del nacimiento de Bach, 24 de septiembre de 1936)

Desde los comienzos de la historia de la humanidad, sabemos que las plantas han tenido una función curativa y, tanto como alcanzamos a ver a través de la tradición, el hombre ha tenido siempre la confianza de que en las plantas medicinales de las praderas, valles y colinas permanecía escondido el poder capaz de sanar sus enfermedades. Siglos antes de Cristo, los antepasados indios, árabes, así como otras razas, fueron expertos en el empleo de los regalos de la naturaleza, al igual que los antiguos egipcios y, más tarde, los griegos y romanos y, en menor medida, los demás humanos hasta nuestros tiempos.

Por lo tanto, si tras ellas no se escondiese una gran verdad, no es probable que grandes naciones de diferentes creencias y distintos colores de piel hayan creído persistentemente durante milenios y estudiado de forma continua las plantas medicinales de la naturaleza, utilizándolas como medicamentos.

En los tiempos antiguos, los médicos de los diferentes países no eran los únicos que aprendían el empleo de las plantas medicinales, sino que las personas en sí mismas poseían una enorme sabiduría sobre su propia fuerza curativa, estando en muchos casos en situación de tratarse sus propios padecimientos corporales.

Este país, Inglaterra, no es ninguna excepción, aunque en la actualidad, el empleo de medios naturales de curación no está tan extendido, sin embargo, hasta hace una o dos generaciones, e incluso hoy en día, las gentes que viven en lugares recónditos del país poseen sus propias provisiones de plantas medicinales y conocen cómo se deben tratar las enfermedades.

Durante los últimos cuatro o cinco últimos siglos se han escrito en Inglaterra diferentes libros sobre las propiedades curativas de las plantas, entre los que destaca el escrito hace casi 300 años por Culpepper, como uno de los más famosos.

Este libro se encuentra todavía en numerosos hogares de las Islas Británicas, donde es estudiado, utilizado y altamente valorado. Aunque este libro contiene más de 300 plantas medicinales, lo que significa que se precisan unos conocimientos básicos, sin embargo, la gente se esfuerza por hacer suya esta sabiduría para poder tratar la mayoría de sus padecimientos.

En el curso de la historia hubo tiempos en los que la enfermedad prácticamente sólo podía ser tratada exitosamente con ayuda de las plantas medicinales. En otra épocas, el arte de la medicina natural se olvido en gran parte. En la actualidad, vivimos en esa época, pero la naturaleza posee tal poder que podemos estar seguros de que volverá a nosotros.

En los tiempos antiguos, cuando una gran nación desaparecía, se perdía con ella una gran parte de su sabiduría, pero, dado que hoy en día, los descubrimientos se convierten inmediatamente en universales, existe la esperanza de que la bendición que nos ha tocado en suerte a través del re-descubrimiento de las plantas medicinales, se extienda universalmente, conservándose de esta manera esos conocimientos en algún país del mundo. Las plantas medicinales de las que estoy hablando en este discurso son ya empleadas de forma frecuente en muchas partes del mundo, aun habiendo sido recientemente descubiertas.

Podemos partir con toda seguridad de la idea de que, en los tiempos en los que se conocía y empleaba correctamente las propiedades de las plantas medicinales, eran habituales los procesos exitosos de curación, y de que los hombres de aquella época debieron poseer una gran confianza en ellas. Si no hubiera sido este el caso, entonces la fama, la confianza y la creencia en la fuerza curativa de las plantas no habrían sobrevivido el ascenso y declive de las culturas, y no habrían permanecido durante cientos y miles de años en la memoria de los hombres.

La curación a través de métodos naturales puros y maravillosos es seguramente el método medicinal que más nos interesa a la mayoría de nosotros, y, en lo más profundo de nuestro ser, experimentamos que, de hecho, existe algo de verdad en todo ello; algo que nos dice que esa forma de sanar que tiene la naturaleza es el camino correcto.

Llenos de confianza, buscamos en la naturaleza todo aquello que necesitamos para mantenernos con vida: aire, luz, alimentos, etc. Es altamente improbable que en este enorme sistema que nos proporciona todo no se haya tenido en cuenta la curación de nuestras enfermedades y de nuestros padecimientos.

Por lo tanto, vemos que la ciencia que estudia las propiedades curativas de las plantas se remonta a los tiempos más antiguos, de donde el hombre ha podido conocer que su empleo fama han perdurado durante siglos, siendo en muchas épocas de la historia el principal método curativo y prácticamente el único.

Este método curativo, sobre el que esta tarde estoy hablando, presenta las siguientes ventajas frente a otros métodos:

1. Todos los medicamentos son producidos a partir de flores, plantas y árboles de la naturaleza. Ninguno de ellos es tóxico ni puede ocasionar daños, indiferentemente de la cantidad que de ellos se tome.

2. Existen sólo 38 remedios medicinales, lo que significa que es más fácil encontrar la planta correcta que cuando contamos con numerosos medicamentos diferentes.

3. El método de elección del medicamento es tan sencillo que puede ser comprendido por la mayoría de las personas.

4. Las curaciones que se han conseguido son tan maravillosas que superan incluso las expectativas de aquellos que han utilizado este método y las de los pacientes que se han beneficiado de él.

Estas plantas medicinales han continuado teniendo éxito donde otros tratamientos han fracasado. Y ahora que ustedes ya tienen una idea de lo antiguo y reconocido que es el arte de la curación a través de las plantas medicinales, vamos a pasar al tema principal de esta tarde.

Esta conferencia se ocupa de dos temas centrales:
1- Me gustaría presentarles un nuevo método de curación por medio de la plantas medicinales.
2- Quisiera apartar lo más posible el miedo que ustedes puedan tener ante la enfermedad.

Aunque, comparativamente, sólo han transcurrido unos pocos años desde que el primer grupo de las 38 plantas medicinales fue descubierto –que es el tema que hoy nos ocupa–, sin embargo, en ese breve período de tiempo, estas plantas han tenido ocasión de demostrar las más fantásticas propiedades curativas. Estas pruebas no sólo han sido observadas en nuestro país, ni únicamente en nuestro continente, sino también en países tan lejanos como la India, Australia, Nueva Zelandia, América, etcétera.

En lo que se refiere a un tratamiento con plantas medicinales, son de gran importancia los siguientes puntos:
1. Los medicamentos se obtienen a partir de plantas y árboles de la naturaleza, no siendo ninguno de ellos perjudicial.
2. Su forma de empleo puede ser comprendida sin esfuerzo por personas que no poseen conocimientos médicos, de tal forma que pueden estar presentes en cualquier hogar.

Reflexionen un momento acerca de lo que eso significa. Entre nosotros, existen personas que experimentan, en mayor o menor grado, el deseo de poder ser útiles en casos de enfermedad, de estar en situación de poder liberar al enfermo de su padecimiento y sanarlo, pero las circunstancias de la vida les han impedido que se pudieran convertir en médicos o enfermeras y creen que nunca podrán realizar ese sueño. Estas plantas medicinales les ofrecen la oportunidad de sanar a miembros de su familia o de sus círculos de amistades o a conocidos.

Junto a su ocupación habitual, pueden prestar una gran ayuda en su tiempo libre al poner en práctica muchas de sus capacidades curativas. Hay incluso personas que han dejado su profesión para poder dedicar todo su tiempo a esta forma de medicina.

Para aquellos que siempre han soñado con el ideal de liberar a la humanidad de su padecimiento, todo esto significa el poder hacer realidad su sueño, ya sea dentro de su propia familia o a una escala mayor.

Quisiera indicar de nuevo expresamente que no es necesario disponer de conocimientos científicos cuando se utilizan estas plantas medicinales, ni siquiera es necesario conocer en nombre de l enfermedad. No se trata de la enfermedad, sino de los pacientes. Para el tratamiento, no es importante lo que el paciente tenga, ya que una misma enfermedad arroja diferentes resultados en los distintos pacientes.

Si las repercusiones fueran las mismas en todas las personas, entonces sería fácil conocer el nombre de la enfermedad,
pero ése no es el caso, y es precisamente ése el motivo por el que en la ciencia moderna resulta a menudo tan difícil denominar la enfermedad concreta que padece un paciente.

La enfermedad carece de importancia, lo realmente importante es el paciente; la manera en que él o ella se siente afectado. Ésa será la verdadera guía que conduce a la curación.

En la vida diaria, cada uno de nosotros posee su propio carácter, que es el resultado de nuestras preferencias, inclinaciones, imaginaciones, pensamientos, deseos, objetivos y la manera en la que tratamos a nuestros semejantes. Este carácter no reside en nuestro cuerpo, sino en nuestro espíritu, y el espíritu es la parte más sensible de cada uno de nosotros. ¿Cómo nos puede, entonces, extrañar que sea precisamente el espíritu el que, con sus diferentes estados de ánimo, sea el primero en mostrar los síntomas de una enfermedad? Siendo tan sensible, representará para nosotros, en relación a la enfermedad, una guía mucho más eficaz, que si nos dejamos llevar por el cuerpo.

Modificaciones en nuestro espíritu nos conducirán, de manera inequívoca, al remedio que necesitamos, aun cuando al principio nuestro cuerpo apenas se haga eco de esos cambios. Ahora queremos desviar nuestra atención hacía algunas de las diferentes posibilidades que existen acerca de cómo un determinado padecimiento puede repercutir en el individuo.

Todos nosotros sabemos que una misma enfermedad nos puede afectar a cada uno de nosotros de manera totalmente diferente. Así, por ejemplo, cuando Tommy tuvo el sarampión, estaba totalmente nervioso; Sissy, por el contrario, tranquila y obnubilada; Johnny quería que le mimaran continuamente; el pequeño Peter estaba sobre excitado y miedoso; Bobby quería que le dejasen en paz, etcétera.

Si la enfermedad tiene repercusiones tan diferentes, tiene poco sentido el querer tratarla aisladamente. Es mejor tratar a Tommy, Sissy, Johnny, Peter y Bobby, sanar a cada uno individualmente y, con ello, el sarampión.

Es importante que a ustedes les quede claro que no se deben guiar por el sarampión para encontrar el tratamiento correcto, sino que el punto de referencia debe ser los efectos que la enfermedad tiene en el pequeño paciente. El estado anímico del niño es el indicador más sensible para averiguar que es lo que ese paciente en particular necesita.

De la misma manera que el estado de ánimo nos ayuda a encontrar el tratamiento correcto de a enfermedad, así también no puede poner en sobre aviso antes de que el sufrimiento se manifieste, haciendo de esta manera posible que éste no avance más.

Al igual que el estado de ánimo durante la enfermedad nos conduce al tratamiento adecuado, así también nos puede advertir antes de que el padecimiento se manifieste ofreciéndonos la oportunidad de poder detener el avance de la enfermedad.

El pequeño Tommy regresa de la escuela a casa extraordinariamente cansado, obnubilado o nervioso, necesita atención o quiere que lo dejen en paz, etc. No es "el mismo", como se suele decir. Vecinos amistosos pasan por casa y opinan que Tommy está incubando alguna enfermedad y deben esperar a que se manifieste. Pero, ¿por qué esperar? Si Tommy es tratado de acuerdo con su estado de ánimo, podrá recuperarse rápidamente, y si amenaza con manifestarse cualquier enfermedad, la mayoría de las veces no se producirá, pero, en caso de que eso ocurriese, se trataría de una manifestación tan débil que apenas se podría notar.

Esto se puede aplicar a todos nosotros. Antes de que se manifieste una enfermedad se da normalmente una temporada en la que uno no se encuentra especialmente bien o en la que se ésta un poco cansado. Ese es el momento en el que debemos tratarnos, ponernos en forma y acabar con el empeoramiento de nuestro estado.

Prevenir es mejor que curar. Estas plantas medicinales no ayudan de manera maravillosa en el mantenimiento de nuestro bienestar, protegiéndonos del ataque de agentes desagradables.

Bueno, ya hemos hablado suficientemente de los primeros estadios de la enfermedad. Ahora nos queremos dirigir a aquellos que se encuentran enfermos desde hace algún tiempo atrás. También en este punto existen motivos suficientes para tener la esperanza de que se produzca una mejoría del estado general, o bien de una curación total. Nadie debería perder jamás la esperanza de sanar. Además, nunca deberíamos tener miedo del nombre con el que se denomina a una enfermedad. En última instancia, se trata sólo de un nombre. No existe ninguna enfermedad que, por sí misma, sea incurable. Esto se puede afirmar con todo derecho, porque se han recuperado personas que padecían una enfermedad cuyo nombre nos asusta a la mayoría de nosotros. Si esto ha sido posible en el caso de ciertos pacientes, también lo puede ser para nosotros. A veces se necesita menos tiempo para que algunas personas se recuperen de una de esas terribles enfermedades que para que otras se recuperen de una enfermedad no tan grave. Todo depende en mayor medida del individuo que de la enfermedad en sí.

En el caso de enfermedades prolongadas, se aplica el mismo principio de tratamiento que para afecciones más pasajeras o no tan graves, ya que, también en el caso de padecimientos que se sufren desde hace mucho tiempo, la persona afectada sigue poseyendo su carácter, sus deseos, esperanzas, imaginaciones, preferencias, antipatías, etcétera.

Repitiéndolo una vez más. Todo lo que se debe de hacer es prestar atención a los efectos que la enfermedad tiene sobre el paciente: si está deprimido, si no posee esperanzas de recuperarse, si tiene miedo de un empeoramiento de su estado, si está nervioso, si desea compañía o si prefiere tener su propia tranquilidad y estar solo, etcétera, para poder buscar el remedio o los remedios apropiados según los diferentes estados de ánimo.

También aquí es maravilloso el hecho de que en el caso de una enfermedad que amenaza con manifestarse, no lo haga cuando se ha podido restablecer el estado anímico del paciente. Por lo tanto, en estos casos, en los que el paciente está enfermo desde hace mucho tiempo, se produce una notable mejoría y se recupera el carácter propio, logrando que, también así, desaparezca la enfermedad, una vez que se ha logrado superar esos estados anímicos antinaturales como la depresión, el miedo, etc., sin importar la enfermedad de que se trate.

Existe todavía otro tipo de persona. En este caso, se trata de aquellas que, en el sentido normal de la palabra, no están realmente enfermos pero que, sin embargo, siempre andan quejándose de ésta o aquella molestia. Estas molestias, seguramente, no son tan graves pero bastan para hacer que, a ratos, la vida sea un continuo y difícil examen hasta que se convierte en una carga. Estas personas quedarían profundamente agradecidas si se les libera de sus padecimientos. La mayoría de ellos han probado ya miles de remedios para acabar con estos problemas, sin haber encontrado la solución definitiva.

A este grupo de personas pertenecen aquellos individuos que, a menudo, padecen de dolores de cabeza, algunos son víctimas cada año de fuertes resfriados, otros padecen reuma, digestiones pesadas u ojos irritados, asma o ligeros trastornos cardíacos, insomnio, etcétera.

Supone también una gran alegría el poder ayudar a estas personas que, a menudo, han creído tener que soportar durante toda su vida estas molestias. Y, entre todas ellas, particularmente, las que han temido que, con la edad, esos síntomas empeoren aún más. Casos semejantes pueden ser sanados y, con frecuencia, se produce ya una mejoría poco tiempo después del comienzo del tratamiento.

Para terminar, existe todavía otro grupo. Personas que se encuentran realmente bien, que son fuertes y sanas pero que, sin embargo, tienen sus dificultades. Estas personas comprueban que su trabajo o su tiempo libre se ven dificultados por los siguientes factores: tienen un deseo exagerado de hacer todo correctamente; son excesivamente entusiastas y agotan todas sus fuerzas; tienen miedo de fracasar, no se creen tan inteligentes como otras personas o bien, no pueden decidir lo que realmente quieren. A este grupo pertenecen aquellas personas que tienen miedo de que le ocurra algo a la persona que tienen a su lado, que siempre temen lo peor aun cuando no exista motivo para ello. Entre ellos se encuentran aquellos que son hiperactivos y están desorientados y que, parecen no encontrar nunca la tranquilidad. También se incluyen aquellas personas que son demasiado sensibles, tímidas y nerviosas, etcétera. Todos estos padecimientos causan pesar y preocupación aun cuando no pueden ser definidos como enfermedades, pudiendo ser restablecidos de nuevo cuando esas personas recobran la alegría de vivir.

Vemos, por lo tanto, la gran fuerza curativa que posee el remedio correcto, no sólo en lo referente a mantenernos sanos y protegernos de enfermedades, no únicamente en lo que atañe a detener una enfermedad amenazante, a liberarnos y sanarnos cuando padecemos y estamos enfermos, sino también en lo que se refiere a recuperar la paz mental, el sentimiento de felicidad y alegría cuando nuestra salud es la correcta.

De nuevo, queremos asegurar lo siguiente: ya se trate de que se esté agotado o simplemente un poco cansado, de evitar una enfermedad o de tratar una enfermedad más o menos larga, el principio a aplicar es siempre el mismo: Se debe tratar al paciente. Y se le debe tratar según su estado de ánimo, su carácter, su individualidad y así nunca se podrán equivocar.

Piensen de nuevo la alegría que le depara a una persona que quiere encontrarse en situación de hacer algo bueno por los enfermos, e incluso ayudar a aquellos por los cuales la medicina ya no puede hacer nada más. El convertirse en un sanador entre sus semejantes le confiere poder.

Reflexionen también nuevamente sobre el hecho de que esto nos proporciona una postura totalmente nueva ante la vida, ya que perdemos el miedo y crece nuestra esperanza.

Este arte de la curación ha sido puesto en práctica, publicado, y cedido generosamente a otras personas para que, de esta manera, individuos como ustedes puedan ayudarse a sí mismos en caso de enfermedad o, puedan mantenerse sanos y fuertes. No es necesario poseer conocimientos científicos, sólo se ha de estar en posesión de un poco de conocimiento, comprensión y sensibilidad para con la naturaleza, lo cual es totalmente natural para la mayoría de nosotros.

La tarde del día de hoy no basta para que les pueda dar una descripción detallada de todos los 38 remedios. Y tampoco es realmente importante, ya que con conocer cómo se utilizan tres o cuatro de estos medicamentos se conoce el principio común aplicable a todos los demás.

Por este motivo, queremos ocuparnos de los medicamentos que se prescriben en el caso del miedo. No es importante q se
trate de una accidente, de una enfermedad repentina o duradera o, incluso, de personas a las que no le falta nada especialmente, si existe miedo, se debe prescribir uno de los remedios contra el miedo.

Naturalmente, puede que sea necesario el empleo simultáneo de varios medicamentos, ya que se pueden dar diferentes estados. En estos casos, se deben suministrar adicionalmente otros medicamentos, pero dependiendo de cada caso en particular.

El miedo, en cualesquiera de sus aspectos, está muy extendido, no únicamente entre los enfermos, sino que también nos afecta a nosotros que, normalmente, nos sentimos perfectamente bien. Pero, sea lo que sea, estos medicamentos nos ayudarán siempre a liberarnos de esa pesada carga que denominamos miedo.

Existen cinco tipos de miedo y, por ello, cinco medicamentos: uno para cada una de las manifestaciones del miedo.

El primer medicamento está indicado para casos en los que el miedo es enorme, desembocando en temor o pánico. En estos casos, o bien el miedo está enraizado en el paciente, o bien es provocado por el hecho de que el estado es tan grave que incluso despierta un profundo terror entre otras personas. Este tipo puede aparecer con una enfermedad repentina o con un accidente, pero siempre, cuando ha tenido lugar una emergencia o un gran peligro. En este caso, el remedio es el Heliántemo, que se obtiene a partir de una pequeña planta de nombre "heliántemo común".

El heliántemo común es una preciosa planta de flores amarillas que crece en las laderas de las montañas, con frecuencia allí donde el terreno es pedregoso o rocoso. Como planta cultivada se encuentra en jardines que poseen adornos con piedras, aunque para emplearla como remedio curativo siempre se debe de escoger la variedad silvestre.

Este remedio ha logrado ya maravillosos efectos y, en muchos casos alarmantes, proporciona una mejoría tan sólo unos minutos u horas después de su toma.

Los conceptos claves para este remedio son: pánico, temor, una gran e imprevista situación de emergencia o peligro.

El segundo tipo de miedo es más frecuente: es el miedo con el que nos encontramos en nuestra vida diaria. Los miedos normales de los que somos víctimas muchos de nosotros son: miedo de sufrir accidentes, miedo ante enfermedades, miedo de que empeore el estado de una enfermedad, miedo de la oscuridad, miedo a quedarse solo, miedo a que irrumpan en la casa para robar, miedo a que se produzca fuego, miedo de la pobreza, miedo de los animales, de otras personas, etc. En general, miedo de cosas concretas, sin importar si existe motivo o no para ello.

El remedio para este tipo de miedo es una preciosa planta de nombre Mímulo (mímulo jaspeado). Esta planta tiene bastan te parecido con el azmizcle, crece en aguas claras y en las orillas de los ríos.

El tercer tipo de miedo es el miedo frente a cosas confusas, imprevisibles, que no pueden ser explicadas. Algo así como si fuera a ocurrir algo espantoso sin poder tener una idea de lo que pueda ser.

Todos estos miedos, para los que no se puede aportar un motivo pero que, sin embargo, son muy reales y excitante, requieren el remedio que se extrae del Álamo temblón. El alivio que este remedio ha proporcionado a muchas personas es algo realmente maravilloso.

El cuarto tipo de miedo reside en el hecho de que se sobrecoge al espíritu, no pudiendo este resistir la tensión. Surge cuando en nosotros aparece el impulso de hacer cosas en las que normalmente no deberíamos pensar o que sólo deberíamos tomar en consideración durante un momento.

El remedio para este estado de miedo se extrae de una cereza (Cherry plum) que en las zonas rurales crece junto a los setos. Esta planta expulsa todas las ideas falsas, proporcionándole al paciente la fuerza y confianza necesaria.

Finalmente, el quinto tipo de miedo, es el temor pro los otros, principalmente por aquellas personas que están a nuestro lado.

Cuando llegan demasiado tarde, se cree que ha tenido que ocurrir un accidente, cuando se van de vacaciones, se teme que les sobrevenga una desgracia. Algunas enfermedades se hacen muy graves, e incluso aquellos que no están realmente enfermos padecen un miedo enorme. Temen siempre lo peor y esperan una gran desgracia.

El remedio para estas personas es la flor del Castaño rojo que todos conocemos tan bien. Esta flor aparta estos miedos rápidamente y nos ayuda a volver a pensar de forma normal.

Estas cinco diferentes formas de miedo no pueden confundirse entre sí fácilmente, ya que están suficientemente diferenciadas. Aunque sea el miedo el estado de ánimo que más frecuentemente debemos tratar, son necesarios uno o más de los cinco remedios para poder luchar contra todas sus diferentes manifestaciones.

Entre los otros remedios, ustedes encontrarán aquellos que son usados para todos los estados diferentes que puedan poner se de manifiesto, como, por ejemplo, remedios para aquellos que sufren de inseguridad, que nunca saben lo que quieren o lo que es correcto para ellos. Algunos remedios para la soledad, otros para aquellos que son hipersensibles, otros para la depresión, etcétera.

Con muy poco esfuerzo se puede encontrar el remedio o los remedios que un paciente necesita. Una vez más, el punto más importante es el siguiente: por más fantástico que esto pueda sonar, liberen al paciente de ése o esos estados anímicos que se describen en este método de curación, para lograr así la recuperación del mismo.

CONFERENCIA MASÓNICA SOBRE LOS PRINCIPIOS CURATIVOS
(Conferencia ante una asamblea de masones, Octubre 1936)

Esta tarde os comunico una noticia maravillosa que, quizás, parezca casi increíble, pero que, sin embargo, es la verdad y que debe proporcionar muchísima esperanza y consuelo.

La noticia es la siguiente: La enfermedad es curable.

Con la ayuda de las plantas medicinales de las que hoy quiero hablar, no hay ya lugar para esas enfermedades normales que se conocen en este país y que, hasta ahora, no han podido ser curadas.

Cientos y miles de personas que padecen enfermedades, que tienen molestias, y que creen que tendrán que vivir con ellas el resto de sus días, pueden sanarse.

Introducción

Esta tarde no quiero intentar comunicarles detalles sobre las maravillosas plantas medicinales, que son el tema de esta conferencia. Toda esa información la pueden extraer del libro.

Los principios básicos son los siguientes:
1. No es imprescindible en absoluto el poseer conocimientos médicos.
2. La enfermedad en sí no tiene ningún significado.
3. El espíritu es la parte más sensible de nuestro cuerpo y, por eso, el mejor indicador para averiguar cuál es el remedio que se precisa.
4. Por eso, sólo se tiene en cuenta la manera de reaccionar ante la enfermedad por parte del paciente, y no la enfermedad misma.
5. Por este motivo, el miedo, la depresión, la duda, la desesperación, la excitación, el deseo de estar en compañía o de estar solo, así como la imposibilidad de tomar una decisión, constituyen el verdadero guía que nos aporta la información sobre la manera en que el enfermo está influenciado por su enfermedad, así como sobre el remedio a emplear.

No hay necesidad de informarles más acerca de las maravillosas propiedades curativas de estos remedios, basta con decir les que miles de personas han sanado cuando ya no esperaban nada más que una enfermedad que duraría toda su vida. Interminables casos han sanado rápidamente de una enfermedad normal, y otros tanto han evitado una enfermedad ya en sus primeros estadios.

Además, estas plantas medicinales son tan famosas que no solamente se emplean en Gran Bretaña, sino también en la mayoría de los países del mundo.

El principio de la curación empleando este método es tan sencillo que casi todo el mundo puede comprenderlo, e incluso las plantas pueden ser recolectadas y preparadas por uno mismo.

Segunda parte

Hermanos, nos han enseñado que en nosotros vive un principio vivo e inmortal.

Durante todos los siglos de la historia de la humanidad, el hombre ha creído que en él mismo existe algo más grande y más maravilloso que el propio cuerpo, que va más allá de la muerte. Desde tiempos inmemoriales, el hombre ha tenido eso en su mente.

Todos nosotros somos conscientes de que no solamente nuestro cuerpo es el causante de nuestras dificultades. Nosotros no decimos: "Mi cuerpo está preocupado, o tiene miedo o está deprimido" sino más bien: "Estoy preocupado, o tengo miedo, o estoy deprimido" Igualmente, no decimos: "Mi mano tiene dolor", sino más bien: "Mi mano me duele."

Si únicamente fuésemos nuestro cuerpo, nuestra vida no consistiría en otra cosa más que en satisfacer nuestros propios intereses y en aspirar a nuestro propio beneficio. Únicamente estaríamos preocupados por nuestro propio bienestar y por la satisfacción de nuestras necesidades.

Todo esto no es el caso. Cada sonrisa amistosa, cada pensamiento bien intencionado y cada actitud positiva, cada hecho que se deriva del amor o compasión con los otros, demuestra que en nosotros existe algo más grande que no podemos captar con la vista. Llevamos dentro una llama de divinidad, y en nosotros vive un principio vivo e inmortal.

Y cuanto más brille esa llama divina dentro de nosotros, tanto más irradia nuestra vida su compasión y su amor, tanto más seremos amados por nuestros semejantes que extenderán su dedo hacia nosotros diciendo: "Por ahí va un hombre casi divino."

Además, la cantidad de paz, de fortuna, de alegría, de salud y de bienestar que experimentamos en nuestra vida depende de la medida en la que la llama divina pueda entrar y brillar en nuestra existencia.

Desde tiempos inmemoriales, el hombre ha dedicado especial atención a dos grandes fuentes de la sanación: su Creador y las plantas medicinales de la naturaleza que su Creador ha puesto ahí para proporcionar alivio al que padece.

Sin embargo, por lo menos una verdad fue olvidada, la verdad de que las plantas medicinales de la naturaleza que han sido creadas para sanar trayéndonos el consuelo, calmándonos, llevándose nuestras preocupaciones y nuestros miedos, nos acercan a divinidad a nuestro interior y, al residir ese aumento de la divinidad en nosotros nos sanan.

Es un pensamiento maravillosos, pero es la absoluta realidad el que determinadas plantas medicinales, al expandir el consuelo en nosotros, nos acercan a la divinidad. Eso se manifiesta siempre de nuevo al comprobar que los enfermos no sólo son sanados de su enfermedad, sino que con esta recuperación también recobran paz, esperanza, alegría y compasión en su vida. O, si esas cualidades ya estaban presentes, se fortalecen muchísimo más.

Por eso, durante la curación con estas plantas medicinales, en el cuerpo se observa, en pequeños pasos, que la ayuda que ellas nos proporcionan no sólo logran curar el cuerpo, sino que también aportan las características de la divinidad a nuestra vida y a nuestro carácter.

De aquí que durante este tratamiento con las plantas medicinales se puede observar lo que en nuestro cuerpo nunca ha estado en orden, ya que todo lo que buscamos son aquellas características del que padece, que se encuentran en desarmonía con la fuente de la paz en su alma.

Es por este motivo por lo que se ignoran los síntomas habituales del padecimiento, concentrándonos, exclusivamente, en otros aspectos, tales como depresión, impaciencia, preocupación, temor, incapacidad de tomar una decisión, miedo, duda, intolerancia, desprecio, etcétera. Todas estas características que no se encuentran en la calma, la seguridad y la compasión de nuestro yo interno.

Y así como todas esas características negativas desaparecen a través del tratamiento con estas plantas medicinales divinas, el cuerpo se recupera de nuevo con su desaparición, independientemente de la enfermedad de que se trate.

Parece ser así, como si en esta gigantesca civilización de hoy en día, una civilización con grandes dosis de estrés y de tensión, la perturbación interna se hubiera hecho tan fuerte que nos encontramos muy alejados de la verdadera fuente de la sanación , de nuestra divinidad. Sin embargo, nuestro Creador, que conoce todas estas cosas, tuvo compasión de nosotros y, en su eterna bondad, nos proporcionó un medio para sanar nuestras enfermedades hasta que vuelva el tiempo o sean restablecidas las circunstancias que hagan posible la restauración de los verdaderos y directos remedios curativos.

Sin embargo, estos remedios de sustitución representan una ayuda maravillosa, ya que cuando se observa la alegría, la fortuna y la bondad que se incorporan de nuevo a una vida tras otra cuando éstas han sido sanadas con plantas medicinales, se demuestra, sin lugar a dudas que no sólo al cuerpo le fue otorgada la bendición.

Además, está demostrado que la armonía fortalecida entre el yo más elevado en nuestro interior y nuestro cuerpo exterior ha proporcionado la curación.

No se hace necesario volver a repasar más detalladamente los 38 remedios curativos. Los detalles sobre estas plantas medicinales pueden extraerse del libro. Basta con decir que existe una planta medicinal para cada estado de ánimo que se encuentre en oposición con nuestro yo afortunado y alegre. Pero sí que es necesario conocer el estado anímico en el que se encuentra el paciente para poder proporcionarle el remedio o los remedios que lo ayudarán a apartarlo de sí.

No juega ningún papel relevante el hecho de que la enfermedad se mantenga durante unos minutos o muchos años, el principio es el mismo para ambos casos.

Además, deberían reflexionar una vez más acerca de lo que eso representa para nuestra vida cotidiana. Casi cada uno de nosotros posee algún rasgo del carácter que se desvía de la armonía, como, por ejemplo, a depresión, la preocupación, el temor, etc. Estas plantas medicinales apartan estos estados e impiden el desarrollo de la enfermedad no sólo prohibiéndole el acceso, sino que convierten nuestra vida en una existencia más afortunada alegre y llena de sentido.

¿Y qué arte, dentro de todas las artes nobles, es más grandiosa que la de sanar? ¿Y qué es más conveniente para la Humanidad que proporcionar alivio al que sufre y consuelo y esperanza a todos aquellos que se encuentran frente a una difícil prueba que son víctimas de la preocupación o que sufren?

Estos remedios nos otorgan a cada uno de nosotros el poder de realizar estos actos maravillosos, no a través de su propia fuerza, sino con la ayuda de la fuerza que el gran Creador ha puesto en cada una de esas plantas medicinales.

FIN

Made in the USA
Columbia, SC
12 December 2023